Le Bourg

ET

L'Ancienne Abbaye

DE

CHAUMONT-PORCIEN

(ARDENNES)

NOTES ET DOCUMENTS PUBLIÉS

PAR HENRI JADART

Secrétaire général de l'Académie de Reims,

Membre non résidant du Comité des Travaux Historiques.

REIMS

LIBRAIRIE L. MICHAUD

19, RUE DU CADRAN-SAINT-PIERRE, 19

1904

Le Bourg
ET
L'Ancienne Abbaye
DE
CHAUMONT-PORCIEN
(ARDENNES)

NOTES ET DOCUMENTS PUBLIÉS

PAR HENRI JADART

Secrétaire général de l'Académie de Reims,
Membre non résidant du Comité des Travaux Historiques.

REIMS
LIBRAIRIE L. MICHAUD
19, RUE DU CADRAN-SAINT-PIERRE, 19

1904

Extrait de la *Revue historique Ardennaise*

(Livraison de Mars-Avril 1904).

Tirage à 50 exemplaires.

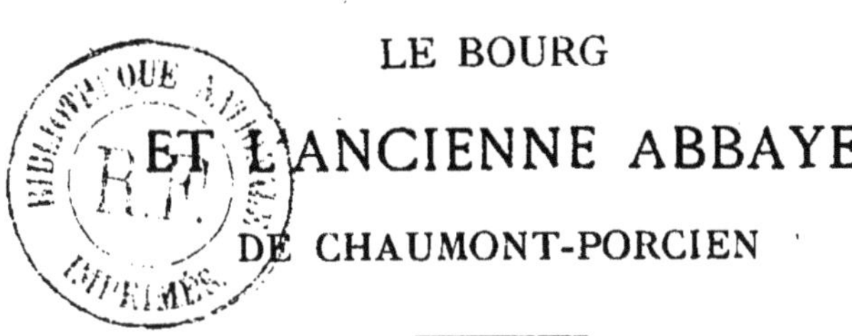

LE BOURG
ET L'ANCIENNE ABBAYE
DE CHAUMONT-PORCIEN

Ce sont de simples notes que nous donnons ici : elles ont été relevées sur place lors des fouilles opérées en 1873 sur la montagne qui domine le bourg, avec la description de l'ancienne église démolie en 1889 et la liste des curiosités et des œuvres d'art transférées dans le nouvel édifice. Nous y joignons l'analyse d'une histoire manuscrite de l'abbaye, tant à Chaumont qu'à la Piscine, histoire écrite au XVIIIe siècle et conservée en la bibliothèque de l'Archevêché de Reims, ainsi que le résumé d'anciennes déclarations des biens des religieux, d'après quelques pièces originales qui nous ont été communiquées par M. l'abbé Baudrillart, ancien curé-doyen de Chaumont, et d'autres tout récemment encore offertes par Mme Launoy [1]. Une bibliographie des sources et des ouvrages à consulter sur le bourg et l'abbaye terminera ce relevé, qui n'a d'autre prétention que de mettre au jour des renseignements susceptibles de s'égarer : *Colligite fragmenta ne pereant.* C'est là tout notre programme.

Nous laisserons donc de côté tout appareil chronologique ou méthodique, tout recours aux auteurs sur un plan d'ensemble, pour nous borner à présenter nos notes sous trois chapitres : *L'ancien château et le bourg*, *L'ancienne abbaye*, *L'ancienne et la nouvelle église*, que suivront l'analyse des documents et la citation des œuvres inédites qui sont tombées entre nos mains aux Archives de Reims.

1. Les copies de trois déclarations d'héritages de l'abbaye en 1542, 1546 et 1547, qui nous furent envoyées par Mme Launoy en 1902, viennent d'être remises par nous aux Archives départementales des Ardennes, pour être jointes au fonds de l'abbaye de Chaumont.

I. — L'ancien chateau et le bourg de Chaumont-Porcien.

La configuration du sol expliquerait seule, au besoin, l'histoire de Chaumont-Porcien : les rues larges et assez régulières du bourg contournent le pied d'un mont aux pentes assez rapides et surmonté lui-même d'un mamelon qui représente l'ancienne motte féodale. Sur ce sommet, actuellement boisé, une petite chapelle rappelle l'ermitage de l'apôtre de la contrée, saint Berthauld, dont l'œuvre d'évangélisation amena plus tard la fondation d'une abbaye de Prémontrés ; les religieux maintinrent debout leur couvent, à l'opposite d'un manoir seigneurial du moyen-âge, jusqu'au commencement du XVIIe siècle [1]. La Révolution a détruit à son tour le château, et le bourg reste seul désormais dans sa tranquillité et son activité, quand les derniers vestiges de ses fondateurs et des protecteurs de la contrée ont disparu de la montagne ; il a même attiré à lui l'église paroissiale, qui était restée jusqu'à nos jours, comme un souvenir du passé, à mi-hauteur, sur le flanc du coteau.

Cette claire vue du passé et du présent de la localité apparut distinctement en 1873, lorsque des fouilles furent entreprises, par les soins et aux frais de M. Isidore Fressencourt, pour l'érection de la chapelle de Saint-Berthauld et le reboisement de tout le sommet du plateau et des pentes du mamelon supérieur. L'espace acquis alors et enclos de haies vives mesure neuf arpents, approximativement, ou plus de quatre hectares, dont le tiers au moins se compose de l'emplacement qu'occupèrent durant de longs siècles le château et l'abbaye. Le terrain fut exploré en tous sens et voici les principales constatations qui se firent jour en exhumant les débris de constructions autour de la butte féodale [2].

Ce furent d'abord les fondations de contreforts qui apparurent dans le circuit de la butte, ainsi qu'un souterrain ou cave qui se prolongeait entre l'abbaye et le château. En

1. Description de l'état des lieux à l'aide de pièces du temps, reproduites dans l'*Essai historique sur Rozoy-sur-Serre*, par G.-A. Martin, 1864, t. II, pp. 175 à 179.

2. Mention de ces fouilles dans la *Revue de Champagne et de Brie*, septembre 1876, t. I, p. 231.

avant, tout à côté, se trouvait le cimetière tenant sans doute au cloître des religieux, placé entre les bâtiments et l'église abbatiale. Cette dernière s'élevait sur le tertre, pour ainsi dire, au-dessus de l'église paroissiale. Le château était situé à l'opposé de l'abbaye, c'est à dire vers l'ouest, tandis que l'abbaye regardait vers l'est et le nord-est. Le château dominait la partie du bourg comprenant la place de la halle et la grande rue ; son jardin s'étendait vers le nord, dans la direction de l'abbaye. L'ancien donjon formait comme le couronnement du château jusqu'à l'époque de sa destruction, et, sur le derrière de la montagne, on avait probablement aussi construit d'autres appareils défensifs au moyen-âge, tours, remparts, retranchements se prolongeant au-dessus de la ferme de Chatigny, à l'extrémité du bourg, vers Logny.

Sur tous les points indiqués ci-dessus, les fouilles amenèrent d'énormes amas de matériaux : pierres, tuiles, ardoises, fragments informes pour la plupart. Quelques fûts de colonnes, des chapiteaux de divers styles, mais généralement frustes, une inscription (la seule) en caractères gothiques du XVIe siècle, contenant simplement une date : VI.... M V CENS..., voilà pour la partie de sculpture et d'épigraphie de pauvres débris et d'insuffisants témoins ! Presque partout, on retrouvait dans le sol des couches noircies et calcinées qui perpétuaient la trace des incendies et des ruines qu'ils causèrent au XVIe siècle. Des ossements en grande quantité fixaient l'emplacement du cimetière ; un souterrain offrait encore quelques portions voûtées ; les fondations marquaient la place de puissants contreforts autour du mamelon de l'ancien donjon et d'autres points fortifiés [1]. Enfin, nous avons vu exhumés du sol en beaucoup d'endroits des mâchoires et défenses de sanglier, des cornes de cerf et d'autres débris d'animaux qui révélaient le goût des anciens barons pour la chasse à travers les forêts voisines de leur manoir.

Les objets mobiliers, les bijoux et œuvres d'art ne figurèrent en rien dans les trouvailles. Il faut citer cependant

1. Les religieux avaient été obligés, en 1506, d'entourer le mamelon de murailles pour empêcher sa ruine. (*Essai historique sur Rozoy-sur-Serre*, par G.-A. Martin, t. II, p. 176.)

une grande clé gothique, une garde d'épée, des morceaux de chaîne, et d'autres débris d'armes qui furent aussi mis au jour, sans que nous puissions préciser le sort qui leur fut réservé ensuite. Les pierres disparurent elles-mêmes dans les tranchées ou servirent aux fondations de la petite chapelle élevée au sommet et qui reste le seul monument signalant et caractérisant au loin la montagne de Chaumont.

L'abbaye, nous le constaterons plus loin, disparut totalement du plateau dans le premier tiers du XVIIe siècle, et le château, rarement habité, qui usurpa seul tout le terrain, était devenu à la fin du XVIIIe siècle un domaine de la famille de Boisgelin [1], dont les membres mirent en vente une portion de la terre en 1786 [2], puis le château et la terre elle-même en 1791 [3]. La suppression des droits féodaux, la confiscation, les ventes se succédèrent coup sur coup. Acquis en vue d'une démolition, le château fut rapidement et facilement mis à bas, étant sans doute d'une structure déjà bien caduque et mal entretenu. Ses débris se dispersèrent, le sol fut nivelé et livré à la culture, dès avant le XIXe siècle.

Le souvenir de saint Berthauld, apôtre de la contrée au VIe siècle, et celui des ermites qui lui succédèrent jusqu'à la venue des chanoines Prémontrés au XIIe siècle, restait seul en définitive dans la mémoire des populations facilement oublieuses des seigneurs, sinon des droits féodaux. On continua à gravir chaque année, le 16 juin, à la fête du saint, les pentes de la butte que la charrue n'avait pu abolir, et c'était pour y apporter en une procession générale et religieuse le reliquaire contenant son chef, reven-

1. Note sur cette famille dans la *Revue historique des Ardennes*, 1864, t. I, p. 83.

2. 5 juin 1786 : Vente, par D^{e} Charlotte-Gabrielle-Constance de Rouault, épouse non commune en biens de Mre J.-B. vicomte de Boisgelin, ancien capitaine des vaisseaux du roi, chevalier de Saint-Louis, d'un pré sis au terroir de Chaumont, moyen. 5,020 l. 8 s. *Affiches de Reims*, du 5 juin 1786. (Bibliothèque de Reims.)

3. 23 juillet 1791 : Adjudication définitive en l'étude de Me Bévière, notaire à Paris, de la ci-devant terre, seigneurie et baronnie de Chaumont en Porcien, sur l'enchère de 360.000 livres. Cette terre consiste en la seigneurie, château bâti sur la montagne, etc. (*Affiches de Reims*, du 11 juillet 1791). — Cfr. *Topographie ardennaise*, par H. Jadart, extr. de la *Revue de Champagne*, 1895, br. in-8°, p. 27, avec plus de détails.

diqué à la Révolution comme un trésor plus précieux que l'or de l'ancien reliquaire. S'inspirant de ces sentiments vraiment vénérables et très populaires encore, M. Isidore Fressencourt[1] éleva un étroit sanctuaire sur de solides fondations au comble du mamelon, mais il le couronna de coupoles en ciment aux formes bizarres et peu résistantes aux intempéries qui sévissent violemment sur ces hauteurs. La partie inférieure, du moins, subsistera plus longtemps sur sa base, ainsi que l'inscription gravée dans le tympan au-dessus de la porte :

REGIONIS APOSTOLO
SANCTO BERTHALDO
ADJUVENTE (*sic*) MARIA
SEMPER VIRGINE.

Ce texte est surmonté d'un cartouche sculpté, œuvre de M. Mathieu, l'excellent artiste des chantiers de la cathédrale de Reims, contenant un écusson à fond d'azur portant un lion passant d'argent, accompagné de cette légende : NIL NISI CRUCE. Une croix se dresse en avant, plantée sur un rocher d'où se détache une fleur de pensée ; la couronne dorée du sommet symbolise l'origine du saint, issu des rois d'Ecosse[2].

Cette décoration est bien conforme à la tradition rapportée par tous les auteurs comme à ce que nous connaissons des armoiries de l'abbaye, et il n'est pas hors de propos d'insister pour maintenir cette tradition.

Dom N. Le Long lui donne, en effet, pour armes : « *d'azur à la croix d'argent*, en mémoire de ce que S. Berthaut a le premier proscrit l'idolâtrie et planté la Croix en ce lieu[3]. » De son côté, Dom Marlot amplifie ce blason et le commente fort ingénieusement : « Saint Berthaut, dit-il, est le principal patron du lieu et les abbés pour honorer sa

1. *Fressencourt* (Isidore), nécrologie signée : H. J., dans l'*Almanach-Annuaire de la Marne, de l'Aisne et des Ardennes*, année 1893, p. 273, et dans le *Courrier des Ardennes*, du 3 mars 1892, article signé : E. S.

2. Description prise le 8 septembre 1891. M. Isidore Fressencourt avait terminé son œuvre vers 1878, bien avant sa mort en 1892. Il avait installé, au chevet de la chapelle, une petite cloche d'une belle sonorité, sortie des ateliers du fondeur parisien Hildebrand. La bénédiction de la chapelle eut lieu le 9 septembre 1884, le lendemain de la consécration de l'église paroissiale.

3. *Histoire du diocèse de Laon*, par D. N. Le Long. 1783, p. 263.

mémoire ont retenu pour armes : *d'azur à la croix d'argent, le croissant en face, deux lys à ses costés et un lion au pied*, qui signifie la croix de saint Berthaut qu'il planta au sommet de la montagne de Chaumont ; la candeur de sa chasteté et le lion, son conducteur d'Hibernie en France et qui demeura depuis auprès de luy le reste de ses jours [1]. » Il est difficile, toutefois, d'après ces renseignements, de blasonner bien exactement de telles allégories [2]. La tradition perpétue fidèlement à cet apôtre la croix et le lion : ces attributs de sa mission évangélique figurent à la place d'honneur dans la grande peinture de Nicolas Wilbaut, qui se conserve au fond du chœur dans l'église du Thour. Ce qui reste des lieux claustraux, à l'ancienne abbaye de la Piscine, n'offre aucun vestige d'armoiries. Ajoutons qu'un ancien cartulaire fait mention du lion que l'apôtre légua, avec son troupeau, à son fidèle disciple Amand, quand il mourut plein de jours et de bonnes œuvres, l'an de J.-C. 525, le 16 de juin, jour auquel on célèbre toujours sa fête dans le Diocèse de Reims [3].

II. — L'ANCIENNE ABBAYE A CHAUMONT-PORCIEN ET A LA PISCINE.

Ce que nous venons de dire des armoiries de cette maison à propos de la prédication de saint Berthauld, nous dispense d'entrer dans de plus longs détails sur les origines

1. *Histoire de la ville, cité et Université de Reims*, par D. Marlot, édit. de l'Académie de Reims, t. III, p. 308. — Cf. LANNOIS, *Notice sur l'abbaye de Chaumont-Portien*, p. 56.

2. L'*Armorial de l'Election de Reims* à la Bibliothèque nationale (*Cab. des Titres*, vol. 378, f° 43) porte : « Le couvent des religieux de l'abbaye de St-Berthault de Chaumont : d'azur à une crosse d'or, accostée des deux lettres S. et B. de même. » C'étaient des armes imposées dans un intérêt fiscal et pour la délivrance desquelles on n'avait pris aucun renseignement sur place. Cfr. Le texte de cet armorial publié par le Dr Pol Gosset dans le tome CXII des *Travaux de l'Académie de Reims*, en 1903, p. 242.

3. Propre actuel du diocèse de Reims, inauguré en 1871, Bréviaire, *Pars æstiva*, p. 49. — Le Bréviaire rémois, publié en 1759 par Armand-Jules de Rohan, archevêque de Reims, plaçait, au contraire, la mort et la fête de saint Berthaud au 16 juillet : *Die XVI Julii. In festo sancti Berthaldi cœnobitæ, simplex, omnia de communi Cœnobitarum... lectio III ex variis scriptoribus, Pars æstiva*, p. 541. — Il en était encore de même dans le *Breve seu Ordo* pour 1827 : *Julius, 16. — In Laud. Com. S. Berthaldi cuj. sola 2. Or.*, p. 39. — La fête des saintes Olive et Liberette était fixée au 3 février. Cfr. *Vies des Saints du diocèse de Reims*, par M. le chanoine Cerf, *Reims*, 1898, t. I, pp. 81 à 84 et 325 à 327.

d'un établissement religieux bien connu et étudié dans ses annales par beaucoup d'auteurs[1].

Quant aux sources manuscrites restées inédites, en outre de l'histoire en deux volumes que possède la Bibliothèque de l'Archevêché de Reims et dont nous donnons plus loin l'analyse, on recourra toujours avec profit et intérêt aux archives mêmes du monastère conservées au dépôt départemental des Ardennes. C'est là que sont mis en ordre, inventoriés et classés, les cartulaires, titres, plans, papiers divers de l'abbaye de 1097 à 1790, ou du moins ce qui survit d'un chartrier tant de fois dispersé et reconstitué par la patience infinie des gardiens de ce trésor. Les domaines, prieurés, cures, villages et fermes qui relevaient de la mense abbatiale ou conventuelle, ont leur histoire intime et journalière dans ces liasses encore inexplorées pour les renseignements infinis qu'elles contiennent. Malgré la savante analyse qui en a été donnée, il y aura toujours utilité à pénétrer dans ces arcanes et à recourir aux documents originaux tenus à la disposition de tous les chercheurs[2].

Mais d'autres titres et pièces se trouvent égarés au loin, parfois transmis sur place dans les papiers domestiques des familles du pays. Cette dispersion n'a rien d'étonnant, car on distribua maintes fois, au moment de l'aliénation des domaines en 1790, les titres de propriété aux acquéreurs. Dans beaucoup de cas, il semblait inutile aux administrateurs de grossir les dépôts publics de documents relatifs à des terres rentrées dans la circulation. On les abandonna ainsi à des particuliers dont les descendants les possèdent encore légitimement et veulent bien les communiquer à ceux qu'intéressent tant de curieux souvenirs[3].

1. Outre la *Gallia Christiana* et l'*Histoire de Reims* par D. Marlot, voir l'*Essai historique sur Rozoy-sur-Serre*, par G.-A. Martin, et la notice qui résume tous ces travaux, par l'abbé A. Lannois, in-8°, 1881. Ces publications seront détaillées dans la Bibliographie qui termine cette étude.

2. *Inventaire-sommaire des archives départementales des Ardennes*, cité à la Bibliographie.

3. C'est ainsi que, le 8 septembre 1891, M. Sené-Deligny, propriétaire à Chaumont-Porcien (décédé en 1894), m'a fait voir, chez lui, deux registres manuscrits des Archives de la Piscine, transmis dans sa famille depuis la Révolution. L'un est le *Cartulaire de l'abbaye*, énorme registre relié en veau, pet. in-4°, contenant, en écriture de la fin du XVIe ou du commencement du XVIIe, la copie de tous les titres depuis la fondation du monastère, précieux recueil à tous égards; le second registre est un petit in-f° recouvert en parchemin (feuille avec écriture

Les érudits, ceux du moins qui poursuivraient des recherches vraiment approfondies, devraient les continuer à Paris, à la Bibliothèque nationale, dans la collection de Champagne [1] et dans les fonds divers qui contiendraient des traces des abbés de Chaumont, surtout aux Archives nationales, dans les immenses réserves des registres du Parlement, aussi bien que dans les divers fonds du début de la Révolution [2].

Une découverte sigillographique d'une réelle importance se fit en 1874 sur les lieux mêmes : un sceau gothique avec l'image et la légende de saint Berthauld, probablement le sceau de l'abbaye au XIVe ou XVe siècle, jaillit du sol dans un champ où une femme du pays sarclait des pommes de terre [3]. A la suite de discussions et même d'un procès sur la valeur et la possession de cet objet précieux, le sceau a été étudié et reproduit dans une publication ayant trait aux antiquités religieuses de la contrée [4]. La matrice étant conservée sur place, fort heureusement, ce témoin de l'histoire la plus authentique fixera tout à la fois une trace de l'abbaye et l'iconographie de son patron. C'est ainsi que l'on doit saisir toutes les occasions de préserver et de garantir les documents du passé, intéressants à tous égards et à toute époque [5].

et lettre en couleur du moyen-âge), qui renferme, à partir du XVIIe siècle, les engagements et vœux des profès de l'abbaye.

Je n'ai pas eu le temps d'approfondir ces documents ; ils sont en bon état, complets, et ont été utilisés par M. Martin dans son *Essai sur Rozoy-sur-Serre*, 1864, t. II, p. 176.

1. Tome XIV, f° 4, verso, Mss. fr.

2. Toutefois, l'inventaire du mobilier et des titres en 1790 manque aux Archives nationales, où il a été cherché en vain par M. Léon Le Grand, archiviste à ce dépôt.

3. Matrice en cuivre conservée à Chaumont. — Le sceau de St-Berthauld, trouvé à Chaumont en 1874, mesure, d'après l'empreinte que j'en possède, cinq centimètres de hauteur sur trois 1/2 de largeur. Il est de forme ellipsoïde, offrant au centre le saint debout, nimbé, avec barbe, couvert d'une robe, grand manteau avec capuchon ; il tient de la main gauche un bâton et un chapelet, la main droite ouverte ; sur les côtés deux ceps et deux palmes, au bas une couronne et un sceptre, qu'il foule aux pieds ; palme à droite. En légende tout autour : † S. BERTHAVLT.DE.CHAVMONT, en lettres gothiques, branches entre les mots.

4. *Notice sur S. Berthauld*, par le P. Clair, décrite dans la Bibliographie en appendice.

5. Nous signalerons également, au point de vue sigillographique local, un cachet en cuivre jaune de la mairie de Chaumont à l'époque de la Révolution, provenant d'un ancien instituteur de la commune et conservé dans la collection de M. Jules Carlier, à Hannogne ; il contient au centre la figure de la Liberté debout, portant la pique surmontée du bonnet phrygien et s'appuyant de l'autre main

Il est impossible, en effet, de disparaître plus complètement et de laisser moins de vestiges matériels de son existence qu'il n'en reste aux deux endroits où vécut l'abbaye de Chaumont : à son siège primitif, sur la montagne de ce lieu, et à l'emplacement où elle fut transportée en 1623, pour y retrouver le calme et l'observance régulière qu'elle avait perdue.

L'histoire de la translation du couvent des Prémontrés de Chaumont au lieudit *la Piscine*, dans un vallon solitaire du terroir de Remaucourt, fut un événement considérable que les annalistes de la région, comme Jean Taté, de Château-Porcien, ont soigneusement noté, et que les historiens modernes ont expliqué avec détails [1].

Pour nous reporter plus spécialement à Jean Taté, greffier de l'Hôtel-de-Ville de Château-Porcien, qui vécut de 1677 à 1748, nous trouverons dans son recueil, complété par Nicolas Baudet, d'Hauteville, toute la légende de saint Berthauld et des saintes Olive et Liberette, dans un texte plein de naïveté et de touchante crédulité. L'historique du monastère des chanoines réguliers et des Prémontrés suit la légende avec des preuves certaines pour le moyen-âge et un récit personnel pour le XVIIe et le XVIIIe siècles [2]. Particulièrement en ce qui concerne la translation de l'abbaye à la Piscine, nous trouvons dans son récit quelques points assez curieux, notamment le projet que l'on eut un moment d'installer le nouvel établissement à Pargny, près de Château-Porcien.

N'importe où les religieux se transporteraient, il leur fallait partir et abandonner les ruines du couvent et tout le terrain de leur fondateur, sur la montagne de Chaumont. Ainsi le voulait le seigneur du lieu, Charles de La Haye,

sur le faisceau avec la hache ; autour on lit : *Mairie de Chaumont*, et dans le bas : *Arrond. de Rethel, départ. des Ardennes*. Il est arrondi du haut et mesure 3 cent. de hauteur sur 2 cent. 03 de large.

1. Prendre les renseignements sur Chaumont-Porcien, le bourg et l'abbaye, dans l'*Essai historique sur Rozoy-sur-Serre*, par G.-A. Martin, 1863-64, t. I, aux endroits nombreux indiqués à la Table des Noms, t. III, pp. 120-121. — Voir sur la Piscine, la translation de l'abbaye, l'accord avec d'Aubilly, les vers satiriques, etc. au t. II, pp. 175-183.

2. La *Chronique de Jean Taté*, en ce qui concerne Château-Porcien, a été publiée dans la *Revue de Champagne et de Brie*, 1888 et 1889, mais les annexes du recueil de Nicolas Baudet sur les abbayes sont restées inédites. Nous donnons tout ce qui concerne Chaumont et la Piscine, en complément à nos propres recherches, au commencement de l'appendice.

baron de Chaumont, vicomte d'Aubilly, qui, pour bien marquer sa victoire sur les successeurs des ermites de saint Berthauld, fit transcrire ces vers ironiques, qu'on lisait longtemps après la translation des Prémontrés de Chaumont à la Piscine, sur la cheminée de l'ancienne chambre abbatiale, et dont l'auteur est qualifié par la *Gallia Christiana* de *Vaticinans quidam hæreticus... :*

Jadis le saint père Berthaut,
Chassoit les diables d'icy haut,
Mais bien plus fort fut d'Aubilly,
Qui chassa saint Berthaut d'icy.
Il faut bien garder le retour,
Que saint Berthaut ne vienne un jour,
Chasser d'Aubilly à son tour [1].

Les géographes locaux ont précisé les souvenirs tant à Chaumont qu'à la Piscine, mais le temps a fait partout son œuvre pour l'anéantissement des cloîtres et des églises [2].

On avait cependant voulu créer dans le second de ces lieux un établissement solide et durable : l'abbé Etienne Galinet y avait déployé un zèle intrépide et construit des bâtiments en briques et pierre d'une solidité suffisante. Lui-même et ses successeurs y avaient fait exécuter des décorations témoignant la grandeur de leurs vues, comme les tableaux des Wilbault que l'on retrouve dans les églises des environs, notamment à Rethel. La réforme fut introduite en 1641, par les soins du prieur Jean Lietau, auteur d'une vie imprimée de saint Berthauld. Pour aboutir au point de vue moral comme au point de vue matériel, on n'avait négligé aucune ressource, celle de l'économie comme celle des emprunts, qui furent lourds et nombreux dans toute la suite du XVIIe siècle [3].

1. Ces vers sont rapportés, outre l'*Essai sur Rozoy*, dans l'*Histoire du diocèse de Laon*, par D. Le Long (p. 263), et dans la *Notice sur l'abbaye de Chaumont-Porcien*, par l'abbé Lannois (p. 36), dans des termes à peu près identiques à la *Gallia Christiana*, t. IX, col. 329.

2. *Géographie historique du département des Ardennes*, par Jean Hubert, 1856, p. 264 et 271. — Cfr. *Géographie illustrée des Ardennes*, par A. Meyrac, publiée par Ed. Jolly. Charleville, 1900, gr. in-8°, pp. 379 et 388.

3. *Le 13 aoust 1648.* — Permission accordée par l'abbé de St-Martin, de Pont-à-Mousson, aux religieux de Chaumont, d'emprunter la somme de 2.900 livres à Maistre Henry Bourron, seigneur de Chevrier, bailly de la principauté de Portien, déjà créancier des religieux, prieur et couvent de l'abbaye de St-Berthauld de Chaumont : il doit être remboursé par une nouvelle obligation de l'abbaye. (*Pièce communiquée par M. Lalbaltry, le 21 octobre 1896.*)

Mais, à travers des péripéties diverses à peu près semblables dans le cours du XVIIIe siècle, qui fut plutôt d'ailleurs une période de décadence que de progrès pour tous les établissements monastiques, la Révolution vint atteindre et supprimer l'abbaye. Il y restait à peine une demi-douzaine de religieux et quatre frères convers, d'après l'état du chapitre tenu en 1784 [1]. En outre, les cures voisines, relevant du monastère, étaient parfois occupées par des Prémontrés. Tout l'ordre de choses établi sur ces bases si anciennes disparut en 1790, et le personnel du couvent fut dispersé. Les biens furent mis en vente l'année suivante au district de Rethel au mois de février 1791, pour la ferme de Lucquy [2] ; au mois de mai, pour l'église et les bâtiments conventuels de la Piscine [3] ; au mois d'août pour les orgues, et probablement pour le reste du mobilier non réservé spécialement au profit de la Nation [4]. Dès ce moment se trouvait consommée l'extinction de la vie monastique, et la solitude commençait à se faire dans le vallon, uniquement rempli désormais par le bruit et l'activité du travail agricole.

Un siècle a passé sur cette transformation, et nous avons parcouru à plusieurs reprises l'endroit où fut la Piscine et visité les derniers vestiges de ses constructions.

En 1880, on voyait encore une portion de la façade, quelque peu monumentale, sur la gauche du chemin allant de Remaucourt au hameau de Chaudion, dépendant de Saint-Fergeux. Une vieille porte cochère cintrée ouvrait

1. *Notice sur l'abbaye de Chaumont-Portien*, par l'abbé Lannois, p. 47. — Le nombre des religieux avait été en baissant depuis 1768. Cfr. Réforme de Prémontré, circarie de Champagne..... Chaumont, 19 religieux et 6.315 livres de revenu. (*Tableau des abbayes..... à l'époque de l'édit de 1768.....*, par Peigné-Delacourt, in-4°, 1875, Arras, p. 53).

2. *Même notice*, p. 48.

3. PISCINE (Abbaye de la), district de Rethel. — Adjudication du samedi 7 mai 1791, à une heure.....N° 339. L'église et les bâtimens composant les menses abbatiale et conventuelle de l'abbaye de la Piscine, avec leurs dépendances, estimés 9.500 livres, compris le terrein, et 6 arpens de jardins, clos, vergers et terrein, estimés 216 livres de loyer; mis au prix de 13.016 liv. 14 sols. (*Journal de Champagne*, par Havé, n° du 2 mai 1791, p. 109.)

4. PISCINE (Abbaye de la), *Journal de Champagne*, par Havé. N° du 22 août 1791, p. 178. — A vendre un jeu d'orgues qui se trouve dans l'église des ci-dev. Prémontrés de la Piscine. L'adjudication s'en fera le jeudi 1er septembre à 2 heures, par-dev. MM. les administrateurs du directoire du district de Rethel, dans le réfectoire des Capucins de lad. ville.

sous un pavillon construit en briques et pierres, orné de pilastres et recouvert d'une haute toiture en ardoises avec épis en plomb. Dans la cour, des deux côtés du pavillon d'entrée, subsistaient des bâtiments sans étages, celui de gauche portant sur un cartouche la date de 1758 ; dans ces corps-de-logis sans habitants on remarquait quelques boiseries du XVIIIe siècle et deux taques de cheminée, l'une aux armes de France, et l'autre dans la cuisine, cintrée du haut, mesurant $0^{m}85$ de hauteur sur $0^{m}75$ de largeur, offrant au sommet la date de 1628 et au milieu un écusson entre deux branches, avec la croix abbatiale en pal par derrière, portant : *de..., au chevron de..., accompagné en chef d'un croissant entre deux plumes (?) de..., et en pointe d'un casque de chevalier de...* [1] L'enclos était rempli d'arbres fruitiers gelés dans le terrible hiver de 1879-80. Le ruisseau coule au bas de l'enclos ; en face et au levant se trouve la ferme de Flay. A cent mètres du monastère, près de la route, au couchant, se trouve la source qui l'alimentait et lui fit donner ce nom de la *Piscine ;* elle était encore garantie par une voûte en briques de 2 mètres de profondeur. De là, des conduits amenaient l'eau dans un réservoir qui la distribuait dans les lieux claustraux.

A une nouvelle visite (29 mai 1885), les bâtiments s'écroulaient et les pans ne se composaient que des murs de plus en plus délabrés. Le sol était défoncé dans l'intérieur, les caves béantes ; la plaque du foyer de la cuisine, décrite plus haut, avait en partie disparu, après avoir été brisée [2].

1. Ce sont certainement les armes d'Etienne Galinet, qui transféra l'abbaye à la Piscine en 1623 et y mourut en 1638, d'après la *Gallia Christiana :* « Calvus Mons. Abbatum Index. XXXII. — Stephanus Galinet, a domino d'Aubilly, Calvi-Montis toparcha, frequenter se suosque Præmonstratenses dolens iniquis turbari vexationibus, de transferenda ad pacationem locum abbatia medio inter Calvum-Montem et Castrum-Porcianum itinere cogitavit. Consentientibus ordinis superioribus, in PISCINA (sic enim locus appellabatur) a fundamentis monasterium extruxit, quo commigrarunt canonici, IX. Jul. anno 1623. In ecclesiam ab episcopo Tarcensi, archiepiscopi Remensis suffraganeo, consecratam sacras invexerunt reliquias. In ipso autem religiosorum virorum exitu ex Calvi-Montis oppido, vaticinans quidam hæreticus versus illos camino conclavis abbatialis inscripsit : (*Vers français donnés plus haut*). — Stephanus abbas tumulatus jacet ante gradus sanctuarii cum hoc epitaphio : « *Hic jacet D. Stephanus de Galinet, abbas Commendatarius, qui nostrum a Calvo-Monte oppido translatum huc monasterium immunitatis ecclesiasticæ conservandæ gratia a solo ædificavit. Obiit 14 septembr. 1638.* » (*Gallia Christiana*, t. IX, Ecclesia Remensis, col. 328-329.)

2. Elle subsiste cependant encore sur place, nous a-t-on assuré récemment, en deux fragments qu'il serait urgent de recueillir avec soin.

La misère et la ruine semblaient s'étaler sans remède. Enfin, lors d'une dernière visite (8 septembre 1891), on était en train de reconstituer une maison de culture avec les derniers restes des bâtiments de l'abbaye. La grande porte cochère surmontée d'une haute toiture en pavillon était entièrement démolie. Il ne restait plus que le bâtiment sans étage sur la gauche de l'ancienne entrée portant la date de 1758 ; on construisait une grange et des écuries dans la cour. La transformation sera donc totale, et le visiteur n'aura plus désormais qu'à contempler le renversement des choses : *Etiam periere ruinæ.*

La seule inscription, à notre connaissance, que l'on ait sauvegardée des ruines de la Piscine, est l'épitaphe d'un abbé commendataire, Antoine de Brisay de Denonville, qui mourut (chose rare à cette époque) dans l'abbaye dont il avait la garde [1]. Elle servit longtemps de pierre de foyer dans une maison de Remaucourt, et fut enfin placée, vers 1880, dans la nouvelle église, au bas de la nef, et dressée contre le mur à gauche en entrant sous le porche. C'est une dalle en marbre noir, de $1^{m}65$ de hauteur sur $0^{m}82$ de largeur, portant un texte en lettres capitales égales déjà bien usées [2], et un écusson au milieu du texte, entre deux palmes, surmonté d'une couronne de comte, de la mitre et de la crosse, gravé aux armes de la famille, entièrement effacées [3]. Voici ce texte en son entier, encadré d'un large filet :

1. Liste des abbés de Chaumont : « XXXVI. Marcus-Antonius de Brisai de Dénonville, nominatus literis regiis VIII cal. Jan. an. 1697. De eo jam diximus, tom. 6, col. 186. » (*Gallia christiana*, t. IX, col. 329.) — Voici la citation du tome 6 de la *Gallia* : « LXII. — Marcus Antonius de Brisai de Denonville, nobilis Carnotensis, et ejusdem urbis ecclesiæ cathedralis canonicus et camerarius, abbas Calvi Montis ord. Præm. in diœcesi Remensi, necnon prior sancti Bartholomæi de Uno vitro, vulgo d'Auvergat, et S. Leonardi de Ronchera diœcesum Carnotensis et Sagiensis, schedula regia Caunensem abbatiam consecutus est die 9 April. anno 1689, pro qua haud prius bullas obtinuit ab Innoc. XII quam XIII cal. Maii an. 1694, pontificatus tertio. Deinde an. 1695 8 aug. transegit cum recens in abbatiam Caunensem introductis monachis congregationis S. Mauri, qui statim loca regularia penitus destructa renovare aggressi sunt 6 aprilis an. 1696. Sedebat 1709 et 1710, 29 martii et adhuc mense Julio. »

2. Texte déjà donné par M. l'abbé Lannois dans le *Moniteur ardennais* du 2 mai 1880, et au cours de sa notice citée plus haut, p. 50. Nous le reproduisons ici avec l'exacte conformité des lignes et quelques rectifications.

3. *Brisay*, maison d'ancienne chevalerie, originaire du Poitou, branche des seigneurs de *Denonville*, généalogie et armes : *fascé d'argent et de gueules de huit pièces.* (*Dictionn. de la Noblesse*, par de La Chesnaye-Desbois, 1866, t. VIII, p. 207.)

D. O. M.
CY DESSOVS GIST LE CORPS DE
MESSIRE .... ANTOINE DE
BRISAI DE DENONVILLE DIACRE
CY DEVANT CHANOINE ET GRAND
CHAMBRIER DE LEGLISE CATHEDRALLE
DE CHARTRES ABBÉ COMMENDATAIRE
DE CE LIEV ET DE LABBAYE DE ST
PIERRE ET DE ST PAVL DE CAVNES[1]
QVI EST DÉCÉDÉ EN CETTE ABBAYE
LE 30 IVILLET 1722 AAGÉ DE
LXXVIII ANS. IL FVST EN SON
VIVANT LE PÈRE DES PAVVRES ET
LE SECOVRS DES AFFLIGÉS IL
EST MORT COMBLÉ DE VERTVS
ET DE MÉRITE.

(*Ici l'écusson aux armes, avec les attributs.*)

...... DE BRISAI CHEVALLIER
...... CONTE DE DENONVILLE
BRIGADIER DES ARMES DV ROY
LIEVTENANT GÉNÉRAL POVR
SA MAIESTÉ AV GOVVERNEMENT
DE LA PROVINCE DE CHARTRE SON
NEPVEV ET SON LÉGATAIRE
VNIVERSEL A FAIT POSER CETTE
TOMBE

Ainsi protégée et dressée contre la muraille à l'intérieur, cette dalle survivra et ravivra la mémoire d'un abbé de La Piscine, avec celle de ses vertus et de la famille célèbre dont il était issu. (Hr 1m65 — Lr 0m82.)

Plusieurs autres débris de l'église de La Piscine se retrouvent encore dans quelques sanctuaires de la contrée, comme nous l'indiquions plus haut pour le tableau de la *Prédication de saint Berthauld* dans l'église du Thour, pour les grandes toiles de scènes évangéliques dans les églises de

1. *Caunes* (Aude), ancien diocèse de Narbonne, ancienne abbaye de bénédictins de la congrégation de Saint-Maur; en voir la notice et la vue dans le *Monasticon Gallicanum*, édition Peigné-Delacourt, 1871, t. I, n° 47.

Rethel, etc., [1]. En outre, l'église de Remaucourt conserve un autel latéral en marbre du XVIIIe siècle, auquel on attribue la même provenance, et les églises du Thuel et de Noirecourt, près de Montcornet (Aisne), se sont également enrichies, dit-on, d'autels en marbres très précieux et d'un bel effet décoratif, provenant de La Piscine [2].

Il serait donc injuste de méconnaître le goût dont avaient fait preuve les religieux prémontrés de La Piscine dans la création de leurs dernières œuvres. Il suffirait, pour se rendre compte de leurs inspirations, de visiter la magnifique abbaye des Prémontrés (petit séminaire actuel) de Pont-à-Mousson, qui a survécu avec toutes ses richesses d'art, car c'est de là que la réforme fut implantée chez leurs confrères de La Piscine et que des relations se continuèrent pour assurer l'exacte observance régulière, aussi bien que la bonne tenue et la parfaite décoration des édifices.

III. — L'ANCIENNE ET LA NOUVELLE ÉGLISE DE CHAUMONT-PORCIEN.

L'église paroissiale de Chaumont se trouvait à l'origine, et vraisemblablement durant tout le moyen âge, sur le haut de la montagne, dans les dépendances de l'abbaye. En effet, les religieux possédaient la cure du lieu. Deux chapelles coexistaient déjà dans le bourg, l'une dans l'hôpital et l'autre dans le cimetière, pour la commodité des paroissiens.

La translation de l'abbaye eut pour cause principale les dévastations des huguenots au XVIe siècle, lesquels n'épargnèrent sans doute pas davantage la paroisse que les lieux réguliers, et ce fut pour la communauté des habitants un problème difficile à résoudre que de reconstituer alors leur centre paroissial. Aux désastres des guerres de Religion avaient succédé ceux de la Fronde, qui ravagèrent encore une fois la localité au milieu du XVIIe siècle [3]. On put

1. *Nicolas et Jacques Wilbault*, par H. Jadart, 1886, pp. 24 et 28, et 1902, pp. 6, 21 et 22. Cfr. *Revue historique ardennaise*, 1901, t. VIII, pp. 340-41, et 1902, t. IX, pp. 325-26.
2. *Notice*... par l'abbé Lannois, pp. 49 et 50.
3. Sur l'état de ruine de Chaumont en 1657, voir *les Notices Cadastrales de Terwel*, publiées par Roger Graffin dans la *Revue historique ardennaise*, 1902, t. IX, p. 174.

seulement, environ vingt ans plus tard, entamer une reconstruction à un endroit qui semblait plus favorable et plus rapproché des habitations, presque à mi-hauteur entre le château et le bourg. Les habitants ne comptèrent que sur eux-mêmes pour cette entreprise ; ils laissèrent de côté l'abbé de La Piscine [1] et s'assurèrent seulement l'aide du seigneur, François d'Ambly, marquis des Ayvelles, très propice à leurs vœux. Ayant donc trouvé les ressources nécessaires dans celles de la communauté, ils posèrent en 1671 les bases de l'église en briques qui subsista jusqu'en 1885.

Lorsqu'on démolit le vieil édifice en 1886, on découvrit dans les fondations une pierre renfermant une plaque de plomb, sur laquelle était gravée l'inscription suivante : *L'an 1671, le 21 juin, cette première pierre d'église a été érigée en l'honneur de Dieu et de la Ste Croix du Seigneur, a été bénite par Messire Robert d'Ey, grand archidiacre de Rheims et posée par haut et puissant Seigneur Messir François d'Ambly, Chevalier, Seigneur, Marquis des Ayvelles, Chaumont et autres lieux, avec Madame Catherine Charlotte de La Haye, son épouse, Louis, Robert et Charles d'Ambly, leurs enfants. F. C. Desmarets, P. curé dud. lieu. F. Fournier, graveur* [2].

Il s'écoula de longues années entre la pose de cette première pierre et l'installation définitive de la paroisse. La nef était construite entièrement avec sa charpente en 1675, mais il n'y avait pas de chœur, et comme l'édifice fut jugé trop restreint pour la population dans ces conditions, il fallut traiter avec l'abbé, en sa qualité de gros décimateur, pour obtenir un agrandissement au chevet et augmenter ainsi l'espace réservé aux paroissiens. La négociation fut conduite par le grand archidiacre de Reims, Robert Dey, de concert avec le seigneur qui avait posé la première pierre ; elle aboutit à l'accord du 3 août 1675 [3], en vertu

1. On lit, en effet, dans un accord, conclu le 3 août 1675, entre Gilles Dez, abbé de Chaumont, le seigneur et les habitants du lieu, que ces derniers avaient bâti la nef de l'église « de leur plein mouvement sans y avoir appellé, ni l'avoir faict scavoir audict sieur abbé ». (*Archives de Reims, fonds de l'Archevêché, série G, Visites, paroisse de Chaumont.*)

2. Nous donnons ce texte d'après la copie qui en a été publiée, avec un commentaire, par le *Bulletin du diocèse de Reims* du 31 juillet 1886, p. 265.

3. Pièce des Archives de Reims, déjà citée plus haut.

duquel on éleva le chœur arrondi en forme de demi-tour à toiture conique, qui donnait à l'ancienne église un aspect de forteresse au levant. Il fallut quelques années encore pour réaliser cette addition et l'œuvre ne fut vraiment terminée que vers 1680.

Les visites de l'archevêque de Reims, Charles-Maurice Le Tellier, marquent, en effet, ce long intervalle, car ce vigilant prélat notait sur place en 1678 : « Point d'église, mais on travaille fort lentement à la rebâtir ; on fait présentement le service dans une petite chapelle bâtie sur une montagne [1]. » Il ajoutait sur son registre en 1680 : « Est présentement bâtie. Je l'ai vue. Est bien, hors qu'il y manque le lambrys [2] et le pavé. On y fait le service [3]. » Tant fut laborieuse et difficile à terminer l'entreprise du XVIIe siècle et non moins laborieuse fut la reconstruction du XIXe !

Une description de l'ancienne église serait très sommaire, car elle était dénuée de tout intérêt architectural : elle était construite en briques, avec un portail cintré sans caractère vers l'ouest, des ouvertures cintrées également sans caractère à la nef et aux bas-côtés, un chœur semi-circulaire sans chapelles latérales en hors d'œuvre, un petit clocher en charpente [4], recouvert en ardoises comme l'édifice entier, voilà la silhouette du rustique monument, qui ne produisait son effet qu'au loin dans le pittoresque du paysage, à demi caché dans la verdure et se détachant sur la pente abrupte du coteau.

A l'intérieur régnait la même simplicité de lignes dans les trois nefs recouvertes de planchers arrondis, séparées par des piliers en briques et garnies aux extrémités de supports en bois sur les murs latéraux et sous le clocher au bas du portail. De vastes bancs garnissaient l'enceinte et témoignaient combien ce temple isolé avait été naguère

1. D'après un procès-verbal de visite donné en appendice, en 1663, on faisait le service dans la chapelle St Michel du cimetière, jugée trop étroite. On s'installa ensuite dans la chapelle du château sans doute ou dans un reste de l'ancienne abbaye. Cfr. *Essai sur Rozoy*, t. II, p. 310.

2. Plafond de la nef.

3. Notes données intégralement en appendice.

4. Il contenait une seule cloche de l'époque moderne. Le procès-verbal de la bénédiction de trois anciennes cloches, le 23 août 1750, a été publié par Paul Pellot dans la *Revue historique ardennaise*, 1895, t. II, pp. 227 à 229, avec notes sur les familles de La Motte Houdancourt, de Froulay, Rouault, etc.

fréquenté par la population entière. Au fond du chœur, resté longtemps dans sa nudité primitive, avait été installé, vers 1858, un retable assez pompeux du XVIIe siècle, têtes d'anges, guirlandes en pierre, orné de pilastres et de colonnes en marbre noir ; il offrait au sommet un cartouche avec écusson aux armes de l'archevêque Le Tellier [1].

Nulle autre décoration d'une certaine valeur ne frappait le regard, si ce n'est les antiques fonts baptismaux et quelques objets que nous retrouverons dans l'église actuelle. Une seule inscription se lisait au dedans et marquait dans la nef latérale gauche, côté nord, la sépulture d'un notaire et procureur fiscal de la baronnie au XVIIIe siècle. C'était une épitaphe, gravée en lettres majuscules sur une pierre d'ardoise, encastrée dans la muraille à deux mètres de hauteur et mesurant $0^{m}75$ de hauteur sur $0^{m}60$ de largeur. Cette plaque a été préservée de la destruction lors de la démolition de l'église et fut transportée au presbytère par les soins de M. l'abbé Baudrillart, curé-doyen, en 1884. Elle portait cette inscription :

ICY GIST LE CORPS
DE MAITRE RIGO
BERT PIERON NOT
AIRE ROYAL [2] ET PR
OCUREUR FISCAL
DE LA BARONNIE
DE CHAUMONT
AAGÉ DE 72 (?) ANS
IL DECEDA LE II (?)
DE IANVIER 1702 [3]
ET MARIE HOURL
IER SA FAMME AA
GÉ DE 78 ANS ELLE
DECEDA LE 17 IANVIER 1710
PRIES DIEU POUR LEURS
AMES

1. Une statue moderne de saint Berthauld avait été posée entre les colonnes, à la place du tableau du retable. C'était l'ancien retable du maître-autel de l'église de Mézières, acquis par M. Isidore Fressencourt de M. l'abbé Petit, archiprêtre, qui modifia et renouvela tout le mobilier de sa belle église. Il fut vendu en 1884 à M. Haussaire, sculpteur à Reims, qui offrit au musée de cette ville le cartouche aux armes de Le Tellier.

2. Ce mot avait été gratté à la Révolution.

3. Voici le texte de son acte de sépulture : « L'an 1702, le 13e jour du mois

En avant du portail, un demi-cercle de vieux arbres formait perspective autour d'une croix et permettait aux fidèles une station à la sortie de l'office avant de redescendre au bourg. Tel qu'il se maintenait en dépit du temps et de l'humidité du sol qui entraînait à elle seule sa ruine, le vieil édifice ne pouvait cependant résister longtemps après que la menace de périls eut été constatée en 1875. Il fut interdit dès 1878 et le culte fut célébré uniquement désormais dans la chapelle attenant au presbytère situé dans la rue principale de Chaumont [1]. Abandonné aux intempéries; on attendit pour le démolir la réédification complète d'une église au centre de la localité et la pioche s'attaqua enfin à ses murs et à ses fondations de 1886 à 1889. Au mois de septembre 1891, nous l'avons noté sur place, l'édifice de 1671 était renversé jusque dans ses fondements, rien n'en subsistait plus, les broussailles couvraient déjà le terrain dans toute son étendue. Quelques beaux tilleuls marquaient seuls l'emplacement du portail au couchant et promettaient de survivre longtemps à la ruine du monument [2].

Par une circonstance providentielle, un legs généreux avait été fait en 1860 spécialement au profit de la reconstruction de l'église de Chaumont, par un propriétaire d'une commune voisine [3]. Les intérêts de ce legs ayant été capitalisés pendant vingt ans, une somme suffisante pour commencer les travaux se trouva disponible dès 1880. Après de longs pourparlers nécessités par l'achat d'un terrain et l'accomplissement des formalités administratives, la maison de M. Primot-Deligny fut acquise avec ses dépen-

de janvier, est décédé en cette paroisse de Chaumont, Mᵉ Rigobert Pierron, estant âgé de soixante dix ans ou environ, vivant mari de Marie Hourlier, sa femme, lequel a esté inhumé dans l'Eglise de cette paroisse, où nous l'avons porté et fait les cérémonies ordinaires le lendemain quatorzième dudit mois, en foi de quoi j'ai signez. » (*Copié par M. P. Laurent, juge de paix de Rethel, sur le double des registres paroissiaux, au greffe du tribunal de cette ville.*)

1. Cette chapelle, de longue date ouverte au culte pour la commodité des habitants, renfermait quelques tableaux reportés dans l'église neuve.

2. Les matériaux servirent à la construction de l'école des garçons. (*Géographie illustrée des Ardennes*, 1900, p. 382.)

3. Pierre-Charles Jadart, né et domicilié à Adon, où il était décédé le 6 juillet 1860, laissant par testament quarante mille francs pour la reconstruction de l'église de Chaumont, et 20,000 fr. pour celle d'Adon. Cette dernière église, reconstruite sur les plans de M. Thiérot, architecte à Reims, a coûté 32.000 fr., et fut bénite le 5 octobre 1876 par M. l'abbé Pierret, archiprêtre de Rethel.

dances pour servir d'emplacement à un édifice bien central et répondant aux vœux de la population. L'adjudication eut lieu sur les plans et devis de M. Couty, architecte à Sedan, et l'église s'éleva et fut achevée de 1882 à 1884, sauf la flèche qui doit couronner la tour surmontant le portail [1]. La consécration en fut accomplie dans une fête générale, par S. Em. le cardinal Langénieux, archevêque de Reims, le 8 septembre 1884, sous l'antique vocable de la Sainte-Croix [2].

Cette église orientée et d'aspect solide, bâtie principalement en briques, selon la tradition du pays, offre à l'intérieur un vaisseau bien proportionné et d'une étendue suffisante, avec porche sous la tour. La nef, assez large et accompagnée de bas-côtés, compte quatre travées cintrées, dont les arcs reposent sur des colonnes munies de chapiteaux à feuillages, dessinés et sculptés avec goût. Le transept, éclairé comme la nef de baies géminées et voûté dans toute son étendue, précède une abside à cinq pans, percés d'autant de fenêtres en plein cintre. Il est inutile de prolonger la description d'un édifice moderne, mais il convient de décrire les objets anciens et surtout les tableaux qui y ont été installés avec un soin qui mérite les éloges et la reconnaissance des amis de l'art et de l'histoire locale (visite du 8 septembre 1891).

Fonts baptismaux. — Cuve baptismale romane du XIe ou XIIe siècle, provenant des anciennes églises du lieu, et reportée avec soin près du portail de l'église actuelle, dans un espace clos, à droite en entrant.

Cette cuve en pierre de Givet, de forme carrée, mesure $0^{m}85$ sur les côtés ; elle est ornée sur chaque face de sculptures en relief très curieuses : feuillages variés, les uns enroulés et capricieux, avec grappes de raisin entremêlées ;

1. La dépense de construction de l'église monta à environ 90.000 fr., et le terrain avait été acquis en outre pour 20.000 fr. Ce legs avait produit par la capitalisation une somme de 104.000 fr. Les calculs nous ont été fournis par M. Devie, greffier de la justice de paix et membre du conseil de fabrique. M. l'abbé Baudrillart, curé doyen, avait mis, de concert avec la fabrique, toute sa sollicitude pour obtenir cet heureux résultat.

2. Les vitraux de l'abside en reproduisent l'histoire. — Cfr. *Bulletin du diocèse de Reims*, du 13 septembre 1884. — *Même revue*, du 27 novembre 1894, pour la bénédiction de la cloche du poids de 2.000 kilos, fondue par Perrin à Mohon, p. 582.

les autres droits comme des branches à deux rameaux superposés ; sur la face de gauche, au lieu de feuillages, règne une arcature de cinq arcs cintrés supportés par des colonnettes avec chapiteaux. L'ensemble des sculptures est d'une belle conservation et mérite d'être dessiné [1].

La cuve, qui est creusée en rond au dedans, est maintenue à sa base par une ferrure ; elle repose sur un pied cylindrique ancien en pierre de Givet, dont la base n'existe plus, et les quatre colonnettes qui accompagnent le pied ont été refaites en pierre calcaire. Par suite de la destruction des bases, les fonts sont peu élevés dans leur disposition actuelle (Haut. : 0m75).

Statue. — Une petite statue de sainte Olive, en bois, œuvre du XVIe ou du XVIIe siècle, mesurant environ 0m30 de hauteur, est appliquée au mur latéral de la chapelle du sud. Cette sainte, si populaire dans la région, est représentée debout, les mains jointes, vêtue d'une robe blanche tenue par une ceinture, et couverte d'un manteau bleu faisant voile sur la tête. On lit sur le socle :

SAINTE
OLIVE [2]

Tableaux anciens. — Ils sont au nombre de huit, tous des XVIIe ou XVIIIe siècles, d'un intérêt inégal comme œuvres d'art, mais suffisant pour mériter leur conservation dans l'église. Si d'autres ont été ajoutés depuis, nous ne pouvions signaler que ceux qui s'y trouvaient à la date de notre visite en 1891.

1. — *Pieta.* La Vierge soutient le Christ mort et le montre entre deux anges tenant chacun un flambeau, peinture sur bois du commencement du XVIIe siècle. On remarque quelque raideur dans les poses, mais les anges ont de belles figures et une attitude expressive. Fond noir. La

1. Voir dans la *Revue historique ardennaise*, 1901, p. 303, une étude avec dessins de l'abbé Chevallier, membre de la Société française d'archéologie, sur les fonts baptismaux de ce genre conservés dans plusieurs églises du département des Ardennes.

2. Une autre statue en bois de cette sainte, plus grande, de date également ancienne, se trouve dans la petite chapelle dite de Sainte-Olive, près d'une source, dans un bocage restant de l'ancien bois, à un kilomètre du bourg, sur la route de Rethel.

peinture s'écaille. Bordure en bois, peinte en jaune. (Environ 1 m. de largeur sur 0^m75 de hauteur.) Bras sud du transept, au-dessus de la porte de la sacristie).

2. — *Adoration des Bergers.* Peinture sur toile du XVIIe siècle, assez vive en couleurs, du genre flamand, avec figures expressives. Les bergers, à genoux, offrent un agneau à l'enfant Jésus, et saint Joseph tient près d'eux une lanterne. Onze personnages et groupe d'anges. Aurait besoin d'une restauration et en vaut la peine. — Bordure en bois, peinte en jaune. (Environ 1^m50 de largeur sur 1^m10 de hauteur.) Même bras du transept.

3. — *Les disciples d'Emmaüs.* Le Christ marche entre les disciples ; figures assez fines, paysage au fond. Toile du XVIIe siècle, dont la peinture se ronge. — Cadre sculpté de l'époque, peint en bleu. (Environ 0^m40 au carré.) Chapelle latérale.

4. — *Sainte Famille.* Pendant du précédent, toile du XVIIe siècle, peinture assez fine. La Vierge conduit l'enfant Jésus, et saint Joseph se tient dans le fond sur la droite. — Cadre sculpté de l'époque. (Environ 0^m40 au carré.) Chapelle opposée.

5. — *Sainte Famille.* L'Enfant Jésus sur la crèche, la Vierge agenouillée sur la gauche, saint Joseph au fond, anges au-dessus. Peinture assez grossière ou retouchée. Toile du XVIIIe siècle. — Cadre de l'époque, peint en blanc. (Environ 0^m50 de largeur sur 0^m70 de hauteur.)

6. — *Saint Berthauld.* Le saint agenouillé devant la Croix, avec le lion à ses pieds sur la gauche, paysage dans le fond, rocher recouvert d'arbres sur la droite. Mauvais dessin, le coloris est cependant assez heureux comme effet général, assez bon état. Toile pouvant dater du XVIIe siècle. Bordure peinte en blanc et or. (Environ 1^m20 de hauteur sur 0^m70 de largeur.) Chapelle du sud, au-dessus du reliquaire du chef de saint Berthauld.

7. — *Descente de Croix.* La scène bien connue d'après Jouvenet[1], toile signée de Jacques Wilbault, le neveu, au bas à gauche, nom et date très lisibles :

1. Le même sujet, dans les mêmes proportions, se trouve dans l'église de Saint-Germainmont (Ardennes).

Js. Wilbault,
à Château-porcien. 1774.

Toile sur châssis, sans encadrement. (Environ $1^{m}25$ de largeur sur $1^{m}60$ de hauteur.) Sur le mur du bras nord du transept.

8. — *Apparition de la Vierge à saint Dominique.* La Vierge, tenant l'Enfant Jésus, remet un chapelet au saint agenouillé. Têtes d'anges à l'angle gauche au sommet, chien tenant une torche dans la gueule au bas dans le coin à droite. Pas de traces de signature visibles [1]. Bon coloris, mais la toile aurait besoin d'être décrassée et revernie. — Cadre doré. (Environ $1^{m}50$ de largeur sur $0^{m}80$ de hauteur.) Chapelle latérale du nord.

Reliquaires. — Il y aurait encore à signaler et à décrire les reliquaires du Chef de saint Berthauld, placés dans la chapelle du bras sud du transept; l'ancien reliquaire était très simple; un riche reliquaire moderne, en cuivre, don de la famille Fressencourt, a remplacé l'ancien. Mais ces objets ont été suffisamment mis en relief dans l'étude sur les reliques de saint Berthauld, par le P. Ch. Clair, à laquelle nous renvoyons et dont on trouvera le titre plus loin, à la Bibliographie.

Il nous suffit d'avoir tenté dans ces pages la mise au jour d'une addition quelconque aux choses déjà publiées, afin que la connaissance et l'attachement persistent de plus en plus dans le pays en ce qui concerne les moindres détails de son passé. Les témoins de ce passé peuvent subsister sans lutte, ni conflits, au milieu des éléments nouveaux de progrès et d'amélioration dans tous les genres. La vieille halle en bois, qui se dresse encore sur la place publique, offre son abri aux jeux de la jeunesse; elle a surtout son utilité aux jours de marchés et de foires. La mairie neuve et les écoles, qui furent bâties en face, n'ont rien à redouter de ce témoin resté debout d'un âge écoulé, pas plus que de la nouvelle église qui complète la série des monuments locaux et perpétue des traditions et des souvenirs respectables comme tous les legs de nos ancêtres.

1. Néanmoins la peinture peut être également de J. Wilbault, à en juger par les sujets analogues de lui conservés dans les églises de Saint-Fergeux et d'Herpy (Ardennes).

APPENDICE

I. — Notice de Jean Taté sur l'Abbaye de Chaumont en Portien.

Cette abbaye est une des plus anciennes du diocèse de Reims ; St Bertauld, fils d'un Roy d'Ecosse, en a jeté les premiers fondements. Ce grand saint quitta la maison de son père et ses grandes prétentions pour suivre Jésus-Christ, abandonnant son pays avec saint Amant ou Aumont, son compagnon, pour venir en France sous l'inspiration de Dieu et du Saint-Esprit. Il est rapporté, dans l'histoire de sa vie, que passant par une grande forêt, un Lion se présenta à luy, luy faisant caresse et lui indiquant par ses manières qu'il vouloit le secourir et porter le fardeau dont il étoit chargé. Ce grand saint, s'apercevant qu'il y avoit du miracle dans cette rencontre, le chargea du petit fardeau qu'il avoit emporté de la maison de son père pour son utilité et voyage. Aussytôt ce Lion, devenu comme un chien domestique, porta ces fardeaux en précédant nos saints Pelerins, quy, après avoir traversé plusieurs provinces, arrivèrent à Château-Portien, petite ville située en Champagne, sur la rivière d'Aixne, dans la Gaule Belgique, où ils trouvèrent les peuples fort attachés à la Religion chrétienne.

Saint Bertauld crut que c'étoit en ce lieu que Dieu l'appelloit, mais y ayant fait quelque séjour, il fut inspiré d'aller plus loin, et le Lion qui servoit pour ainsy dire de guide aux deux compagnons, tira son chemin vers la Grande forest qui étoit alors depuis Château-Portien jusque à Chaumont et par delà. Ce grand saint, la croix toujours à la main, et suivi de saint Aumont, son compagnon, traversa cette forest remplie de bestes féroces et serpents, quy à l'arrivée desdits saints s'enfuirent et quittèrent les bois. Arrivé sur une Montagne au milieu de ce bois, le Lion s'arresta et fit connoistre que c'étoit le lieu qu'ils devoient prendre pour leur demeure. Les glorieux saints, ayant rendu grâces à Dieu, plantèrent sa croix sur cette Montagne, nommée Chaumont, à cause de ce mot chauve et stérile ; mais les habitants des environs, principalement ceux quy demeuroient sur le bas de cette Montagne, lesquels pour la plupart étoient payens, ayant appris que deux Etrangers s'estoient establis sur la Montagne, vinrent comme des furieux pour les en chasser, disant qu'ils étoient des Espions.

Le grand Saint Bertauld et son compagnon se mirent alors en prières pour implorer le secours du Ciel, et les payens commencèrent à sentir un feu quy les dévoroit sans les consumer.

Ils reconnurent aussy tôt que ces deux hommes étoient Divins, et changèrent leur colère en prière, implorant leur secours pour estre guéris de ces maux qui les dévoroient, et les saints adressant à l'instant leurs vœux au Ciel pour ces malheureux, ils sentirent peu après leur guérison. Ce miracle attira la plus grande partie de ces payens à la Religion chretienne, et depuis ce temps ces saints ne s'occupoient qu'à la prière, à la pénitence et à la conversion des infidelles habitants du pays, leur annonçant partout l'Evangile de Jesus Christ.

Ces faits étant venus à la connoissance de Saint Remy, archevêque de Reims, il manda lesdits saints qui s'acheminèrent vers la ville de Reims, suivis du Lion, au grand étonnement de tout le peuple, et après plusieurs conversations avec Saint Remy qui les reconnut pleins de vertus et de sagesse, il ordonna aux dits Saints de poursuivre leurs conquestes à Jesus Christ, et donna l'ordre de prêtrise à Saint Berthaut.

Les chrétiens commencèrent alors à devenir nombreux dans cette contrée et quantité de solitaires vinrent s'établir sur la Montagne sous la direction du saint. Chacun couroit vers les deux Etrangers pour recevoir d'eux les enseignements de la vraye Religion, et il est rapporté dans la même histoire que deux filles de Hauteville [1], ayant pris S. Berthauld pour directeur, venoient souvent le visiter et recevoient de luy les sacrements et les enseignements nécessaires à la voye du salut. Elles avoient dressé leur oratoire dans le bois, à quelque distance de la Montagne, et les deux saintes y faisoient leurs prières et y méditoient avec plus de recueillement les mistères de la véritable Religion. Ces deux chrétiennes se nommoient Ollive ou Oliverie et Liberette ou Libérate, et jusqu'aujourd'huy leur oratoire existe [2], et est fréquenté de nombreux pèlerins, dont quantité ont été guéris des fièvres par l'intercession de ces deux saintes.

Le grand S. Berthaud, après avoir mené une vie solitaire et pénitente dans ces déserts, et avoir planté la croix par tout le pays de Portien, où Jesus Christ étoit inconnu, rendit enfin son âme à Dieu le seize juin l'an de l'Incarnation du Verbe, cinq cent vingt cinq, à l'âge de soixante treize ans. Saint Amant ou Aumont, son compagnon, est mort avant luy, il laissa plusieurs hermittes dont il étoit directeur; ceux cy remplis de vertus ont

1. *Hauteville*, sur la Vaux, commune du canton de Château-Porcien, à 2 lieues environ de Chaumont.

2. La carte de l'Etat-Major indique l'écart de *Sainte-Libèrette*, ainsi que la fontaine et la chapelle de *Sainte-Olive*. Il n'en est pas fait mention sur la carte de Cassini.

continué à maintenir la Religion chretienne dans ce pays de forest. Le père de S. Berthaut se nommoit Theoldus, Roy d'Ecosse, et sa mère Berthe. Il est rapporté dans l'histoire que, depuis ce temps, cette Montagne a été habitée par plusieurs hermites, quy y menoient une vie pénitente et fort exemplaire. C'est pourquoy plusieurs personnes pieuses leur avoient assigné des revenus pour les aider à vivre [1].

Roger II, comte de Portien, seigneur dudit Chaumont et de toute la contrée, quy est du domaine de son comté, connoissant les miracles que Dieu opéroit chaque jour par l'intercession de saint Berthaut, fit faire une belle église sur la ditte Montagne, au lieu où estoient les hermites, et y fonda des chanoines séculiers pour y faire le service divin, laquelle église a été consacrée et beniste par S. Arnous, éveque de Soissons, en l'an mille quatre vingt deux, selon que le rapporte Lizias en son histoire, chapitre 36. Cette église a esté bastie sur la ditte Montagne au dessus du château du dit comte, qui luy servit de maison de campagne. Roger a été enterré en ladite église avec Aëlide la comtesse, sa femme, ils l'avoient tous deux dotée de gros biens. J'ay trouvé l'écrit suivant dans les archives de l'abbaye de Chaumont : « Nutu Dei, Rogerius, vir egregius, pro laudibus hujus sancti, preposuit actuque suo composuit, ad Dei sanctique laudem, dignam basilicam [2]. »

Roger III, fils du précédent, a fait confirmer les biens des Hermites aux chanoines séculiers par Raule, archevêque de Reims, suivant la charte donnée à ce sujet en mil cent onze [3]; ledit Roger, ou son père, a donné auxdits chanoines moitié de la terre et seigneurie de Remoncourt, et l'autre moitié a été donnée au prieuré de S. Thibaut de Château-Portien en 1087 par Roger III, comte de Portien. Ledit Roger a été aussy inhumé dans ladite église, ainsy qu'il a été reconnu par la découverte de son tombeau et celle de ceux de ses père et mère, à la destruction du couvent en 1620; c'étoient des tombeaux de pierre sur lesquels étoient gravés leurs noms. Ledit Roger estoit d'une grandeur et grosseur extraordinaires, ainsy qu'on l'a reconnu par sa teste et ses os. On a encore trouvé, en même temps, plusieurs tombeaux et depuis, desquels je n'ay pust avoir

1. Il y avait encore un ermite à Chaumont en 1774, alors qu'on n'en rencontrait plus ailleurs dans le diocèse de Reims. Voir plus loin le questionnaire adressé par l'archevêché aux curés en 1774.

2. *Histoire de Château-Portien*, par J.-B. Lépine, in-12 (1858), liste des comtes de Portien. — Cfr. *Le Cabinet historique*, par Louis Paris, t. I, 1855, 2e partie, pp. 55 à 199.

3. Rodolfus, Rem. archiep., anno 1111. (Cfr. D. MARLOT, *Metrop. Rem. hist.*, t. II, p. 879.)

connoissance, mais la plupart des comtes de Portien y ont été inhumés.

En l'année onze cent quarante, les chanoines réguliers de Premonstré nouvellement institués et en grande réputation en France, furent introduits en ladite église collégiale par Henry, comte de Portien, du consentement d'Elisabeth, sa sœur, quy avoit épousé Clerambaut de Rozoy, et quy selon certains a eu Chaumont en partage. Ledit comte Henry leur subrogea tous les biens des chanoines séculiers, à charge que lesdits chanoines jouyroient de leurs prébendes leur vie durant, et fit construire une belle église, au lieu de l'ancienne, auxdits chanoines réguliers; elle a été consacrée et beniste par Arnoult de Pierrefond, évêque de Soissons, en 1147. Les Reliques de S. Berthauld, S. Aumont, et Vivan ou Vivien, ont été enchassées par Hugues de Soissons en 1248. Robert de Bethune et Jeanne de Chastillon, sa première femme, dame de Chaumont, ont fait présent d'une Lampe d'argent à laditte église, et Elisabeth de Chastillon, seconde femme de Robert de Bethune, a laissé cent livres à laditte église pour l'entretien en huile de laditte Lampe, qui doit estre allumée devant lesdits religieux à partir de 1249.

En 1546, les Religieux de laditte abbaye ont acquis le fief et cense Gomont, de Hugues du Guet, d'Inaumont.

En 1589, le 28e may, jour de la Sainte Trinité, les réalistes hérétiques surprirent laditte abbaye et le bourg de Chaumont qui fut détruit, et l'abbaye brûlée. Claude Le Roy, premier abbé commendataire, l'a fait restablir, et peu de temps après, le seigneur de Chaumont intenta un procès aux relligieux et abbé dudit couvent pour les transférer ailleurs, à cause de la proximité de son château (les sentiments de ce seigneur estoient bien contraires à ceux des anciens comtes de Portien), et ayant gagné son procès, il fut ordonné par arrest que ledit couvent seroit transféré et basti à une lieue près de Chaumont Portien, et ledit seigneur condamné à une somme pour l'indemnité des abbé et religieux. Le couvent a été basti au lieu où il est présentement, dit la Piscine, par l'abbé Galinet en 1623, et, en 1712, on a commencé à le restablir entièrement, excepté la maison abbatiale. Les religieux avoient dessin de le bastir à Château-Portien, où j'ay vu en prendre le plan plusieurs fois, tant à la Morteau, que à la Couture et au Bochet. Cela s'est évanoüi, comme le dessin de la bastir à Pargnie, il y a cent ans.

Guy de Pargnie, chevalier, leur a donné laditte cense de Pargnie, proche Château-Portien, en 1184.

Nicolas, comte de Portien, leur a donné le droit de chasse sur le terroir de Château, et celuy de la pesche en la rivière d'Aixne en l'année 1239.

La réforme a esté établie audit couvent en l'année 1642, à la dilligence de Frère Jean Lietaud, prieur dudit couvent, qui a réussi en son entreprise avec grande peine.

Douze paroisses dependent de laditte abbaye, comme aussy un prieuré et plusieurs chappelles dans le diocèse de Reims. Il y a aussi deux paroisses du diocèse de Liége, Ogy et Mainel[1] qui en font partie.

Roger, seigneur de Rozoy, et Aëlide, sa femme, ont fondé la chappelle de Gérigny, proche de Rocquigny, en 1234, au mois de février, pour y avoir des chanoines de laditte abbaye de Chaumont qui y célébreroient l'office divin, pourquoy ils donnent toutes les dixmes de leurs bois quy seront arrachés et défrichés, comme les bornes se comportent depuis Marenvé, et du terroir de Signy jusqu'au terroir de Roquigny, avec droit de faire pasturer leur gros bétail en leurs bois, avec les leurs, et vingt muids de bled à prendre sur le terroir de Mainbersis, et sur les moulins de Roquigny, plus la dixme d'une charrue à Gérigny, trente muids de vin à prendre à Crespy, et la dixme de leurs vignes de Chaumont, et autres droits.

Saint Berthaut est venu en France d'Ecosse, attiré par la grande réputation de saint Remy. Deux troupes vinrent de ce pays, la première de neuf personnes, six frères et trois sœurs quy estoient de qualité : Gibrian, prestre, l'aîné de sa famille, fut envoyé par saint Remy sur la Marne, Tresain que saint Remy a fait prestre et esté curé de Mareuil ; la seconde de quatre ou cinq personnes aussy de qualité, parmi lesquelles Precordius fut envoyé vers Vesly et Berthauld et Aumont à Chaumont, où ils établirent leur demeure à deux lieues par delà Château-Portien. Berthauld a été fait prestre par saint Remy et prescha l'Evangile dans le pays.

(*Recueil d'histoires concernant les villes de Château Portien, Rethel et païs des environs, fait par Nicolas-Joseph Baudet, demeurant à Hauteville, tiré sur le recueil de Monsieur Jean Taté, en mil sept cent quarante neuf, registre in-f°, copie ms. de l'auteur*, pp. 152 à 156.)

1. Il s'agit d'Oignies et du Mesnil-Saint-Martin, communes limitrophes, du canton de Couvin. Le Mesnil fut vendu, à l'exception de certains droits, à Robert, chevalier, seigneur de « Virve », pour 9 livres parisis, par les religieux de Chaumont, au mois de septembre 1254. (Arch. dép. des Ardennes, H. 96.) — Le Mesnil et Oignies sont cités dans une bulle de Clément IV, de 1265, relative à l'abbaye de Chaumont : « Altare ecclesie de Maysnil et de Hoannies... » (*Ibid.*, H. 76.

II. — Extraits d'une Histoire manuscrite de l'abbaye de Chaumont-Portien conservée a la Bibliothèque de l'Archevêché de Reims.

Titre intérieur : *Histoire de l'abbaye de Chaumont en Portien, ordre de Prémontré et diocèse de Reims,* en 2 volumes manuscrits grand in-4°, l'un de 653 et l'autre de 990 pages, plus les tables, reliés et portant au dos, sur l'un : *Histoire de la Piscine*, et sur l'autre : *Biens des Religieux.* Pas de nom d'auteur. Ecriture du XVIIIe siècle, partout de la même main et très lisible [1].

On lit cette note sur la garde intérieure du volume intitulé *Histoire de la Piscine :*

« Cette histoire de l'abbaye de Chaumont en Portien a été emportée de ladite maison par le Père Jean Thomas, qui en a été le dernier Procureur. Elle est devenue successivement la propriété de M. Jean-Baptiste Wandelaincourt, curé de Trucy dans le doyenné de Craon [2], puis du Père Jean-François Minet, insigne bienfaiteur du séminaire de Soissons, et enfin de M. Jean-Hubert Wandelaincourt, curé de Woël, au diocèse de Verdun, qui en a fait hommage à Son Eminence Monseigneur le Cardinal Gousset, archevêque de Reims, le vingt trois mars 1851. »

En tête, se trouve le préambule ainsi conçu, ni daté, ni signé [3] :

« Nous ne pourons pas faire cette histoire aussi exacte que nous voudrions, parce qu'il y a quantité de titres de ladite abbaye qui sont perdus, soit par le laps de tems, soit parce que la Maison ayant esté bruslée plusieurs fois, il y en a eu beaucoup de péris dans les incendies. D'ailleurs nos premiers Pères étoient très peu soigneux d'écrire ce qui se faisoit de leur tems, et ce qui les regardoit, voilà pourquoy on ne sçait pas au juste combien il y a eu d'abbés à Chaumont, ni le tems qu'ils ont commencé, ni quand ils sont morts. L'ancien nécrologe de la maison fait à la vérité commemoraison de plusieurs abbés, mais il n'est pas entier, le commencement et la fin manquent, ce qui fait près de trois mois ; il est aussi sans date, ainsi on ne peut

1. Bibliothèque de l'Archevêché de Reims : 6124. Histoire ms. de l'abbaye de Chaumont en Portien, ordre de Prémontré, diocèse de Reims, depuis son origine jusqu'en 1732, ms. in-4°. — 6125. Mémoire détaillé de tous les biens de la manse conventuelle de l'abbaye de Chaumont-la-Piscine, en 1771, ms. in-4°, de la même écriture que le précédent. (Ne figure pas au *Catalogue de la Bibliothèque de l'Archevêché de Reims*, publié par le cardinal Gousset, in-8°, 1864.)

2. *Trucy*, canton de Craonne (Aisne).

3. Cependant on trouve dans le corps du volume des mentions se rapportant à l'année 1771, comme étant celle de la fin des recherches consignées ici.

connoittre que le jour de leur mort, et non pas l'année qu'ils sont morts, c'est ce qui sera cause que nous ne pouvons pas mettre au seur, ni le commencement, ni la fin du règne de plusieurs abbés.

« Le monastère de Chaumont a été autrefois établi sur une haute montagne, appellée en latin Calvus mons, en françois Chaumont ou mont Chauve, à cause qu'il n'y avoit point de bois sur le sommet de cette montagne, et que tout le terrein d'alentour en étoit rempli ; elle est distante de la ville de Château Portien en Champagne de trois lieus du côté du nord. »

Suit un « Abrégé de la vie de saint Berthauld, patron et fondateur de ladite abbaye[1] ».

Puis vient une série d'articles relatifs à chacun des abbés, avec les actes de donations et d'acquisitions passés par chacun d'eux, ces pièces données *in extenso* d'après les originaux ou les cartulaires. Les notices sont beaucoup plutôt des suites de renseignements sur les biens de l'abbaye que des biographies des abbés. On n'y trouve pas non plus de détails suivis sur la vie intérieure du couvent, les bâtiments, reconstructions, tombeaux, œuvres d'art, etc.

On y rencontre (p. 218) l'acte de donation d'août 1340, par Jean Cunel et sa femme, d'une maison sise à Reims[2], et d'une « maison sise à Chaumont, dans laquelle on a construit une chapelle pour y dire des messes, afin de soulager les vieillards, les malades et les femmes enceintes, qui avoient peine de monter à l'église de l'abbaye[3]. »

Voici quelques autres mentions intéressantes :

En 1497, achat d'une maison à Laon.

En 1525, achat de la ferme du Thour et de Villers-devant-le-Thour.

En 1528, achat d'une maison à Château-Portien.

En 1530, donation de la maison de Laon à surcens.

En 1520, Gobert Cousin est le 31e abbé de Chaumont et le dernier abbé régulier ; il est mort à Paris en 1550 ou 1551, et inhumé dans l'église du monastère des Augustins.

Estienne Lallemant fut en 1554 le 1er abbé commendataire ; il était mtre des requêtes ordinaires de l'hôtel.

1. Légende reproduite dans la *Géographie historique* de Jean Hubert, 1854, p. 264.

2. « Domum, quam habitant Remis, sitam in vico per quam itur ab ecclesia S. Petri veteris ad forum ubi blada venduntur inter domum Vallis Claræ ex una parte et domum Johannis dicti Castellani... ex altera. »

3. « Pro parcendo pœnis gentium dictæ villæ de Calvomonte, tum multis eorum videlicet senioribus, debilibus et infirmis esset quam plurimum onerosum, quia oportebat eos in castrum ascendere, quod est altum, quando missam et officium divinum audire volebant. »

Vers l'an 1557, Mathieu Chalon fut le second abbé commendataire ; il était clerc du diocèse de Chartres. Une bulle de Paul 4, signifiée le 4 avril 1558, ordonna aux religieux de le recevoir, ce qu'ils firent, en stipulant seulement la continuation des aumônes au peuple et des études pour les novices.

Vers 1561, Claude Le Roy, 3e abbé commendataire, a résidé à partir de 1566 et gouverné l'abbaye tant au temporel qu'au spirituel. Vente de la vigne des Mesneux, contenant 16 hommés 1/2, le 10 mars 1569, à l'évêque de Laon. L'abbé logeait alors à Chatigny. Il est mort le 14 Xbre 1614.

En 1615, Estienne de Galinet, prêtre séculier, conseiller et aumônier du roi, fut le quatrième abbé commendataire.

Nombreux actes de son administration.

Les pièces concernant la translation de l'abbaye à la Piscine en 1619-1620 sont relatées aux pages 520 à 531.

Transaction entre les religieux et Messire Charles de la Haye, chevalier, seigneur et baron de Chaumont, vicomte d'Aubilly, par acte passé à Paris le 20 Xbre 1619. Le seigneur achète pour 11.000 livres le terrain du monastère et les matériaux des ruines, sauf quatre poutres et les cloches ; l'abbé s'engageait à rebâtir un monastère ailleurs dans l'espace de trois ans.

Inscription que nous lisons en gros cadots au frontispice de l'église de la Piscine :

« Stephanus de Galinet, etc..... hoc monasterium, immunitatis ecclesiasticæ confirmandæ gratiâ, transtulit edificavitque anno Domini 1623[1]. »

La construction du nouveau monastère coûta à l'abbé six vingt mille francs.

On accusa l'abbé d'avoir songé surtout à lui : « Le sieur abbé a fait faire une petite église, petit cloistre, sans pavé ny lambris, un chétif dortoir, duquel on ne peut pas descendre à l'église, plein de tous deffauts avec des entrefends de terre, des sommiers tout courbés, simple planché dessus et dessous, avec huit cellules seulement, quoyque le nombre des religieux doit estre de douze, sans sacristie, sans vestiaire, chapitre et bibliothèque, sans aucune closture ni de court, ni de jardin[2]. »

Voici l'acte de consécration de l'église :

« Henricus, Dei et sanctæ sedis apostolicæ gratia, Episcopus Tarcensis, Episcopatus Abrincensis coadjutor, necnon Illustrissimi ac Reverendissimi domini Dni Henrici à Lotharingia, archiepiscopi ducis Remensis, Franciæ primi paris, vicarius ge-

1. Texte donné au t. I du ms. cité, p. 527.
2. *Ibid.*, p. 529.

neralis [1], Ecclesiam hanc cum altari, à Reverendissimo Patre ac Domino Dno, Stephano de Galinet, Regis à consiliis et ælemosinis, præsentisque monasterii abbate commendatario, translata atque ædificata in honorem Dei optimi maximi sanctissimique confessoris sui Berthaldi consecravimus, omnibusque Christi fidelibus, qui pie ac devote dictam Ecclesiam in anniversario consecrationis die visitaverint singulis annis, quadraginta dies de vera indulgentia, in forma ecclesiæ consueta, concessimus. Anno domini millesimo sexcentesimo trigesimo, quarto mensis maii, dominica prima. HENRICUS, E. TARSENSIS.

De mandato prefati domini :

HUGO.

« Et le lundy suivant a été faite la bénédiction de la chapelle du logis abbatial en l'honneur de la glorieuse Vierge [2]. »

« Cette abbaye est nommé pour le vulgaire la Piscine à raison de la Fontaine qui y est, mais mal à propos, et en sont venus là que d'appeller les religieux pichelins du temps de l'abbé Galinet, lequel a donné assignation à la cour à ces personnes, et leur a fait faire deffense d'user plus de ces termes, mais que la maison seroit nommée Chaumont l'abbaye [3]. »

Autres menus détails sur la construction du nouveau monastère, d'après d'anciens mémoires, sans détails précis, sans pièces complètes. Mention d'un procès-verbal de visite fait par le bailli de l'abbaye de Chaumont en 1630, par ordre de M. de Galinet, des serrures et des clefs des commodités..... par Gérard Denisart, m^re serrurier à Château. Le prieur s'appelait Frère Nicolas Bugnet, qui refusa d'assister à la visite.

Autre procès-verbal de visite de la maison en ..... (sans date), pièce non rapportée.

Voilà ce que nous avons trouvé touchant la translation de l'abbaye des hauteurs de Chaumont à la Piscine.

Abbés réguliers [4].

Jean Ier du nom, 1147.
Césaire, 1158.
Julien, 1172.
Jean, second du nom, 1176.

1. Henri de Boivin, évêque titulaire de Tarse, coadjuteur de l'évêché d'Avranches, vicaire général et suffragant de l'archevêché de Reims, conseiller du roi, etc. — Cfr. DOM MARLOT, *Histoire de Reims*, t. IV, p. 559.

2. T. I, p. 529. — Cfr. l'*Essai historique sur Rozoy-sur-Serre*, par G.-A. Martin, t. II, p. 183.

3. *Ibid.*, p. 528.

4. Liste donnée au t. I du manuscrit, fin de la table et du volume.

Atelme, premier du nom, 1180.
Albric, 1190.
Vautier ou Gautier, 1210.
Atelme, second du nom, 1219.
Henri, 1230.
Odon, 1240.
Jean, troisième du nom, 1248.
Pierre, premier du nom, 1254.
Jean de Logny, 1264.
Alard, 1273.
Simon de Aharis, 1285.
Absalon, 1307.
Nicolas de Bansigny, 1320.
Pierre de Bansigny, 1330.
Jean, cinquième du nom, 1347.
Raoul de Chatillon, 1364.
Jean, sixième du nom, 1372.
Raoul de Reims, 1384.
Gérard, 1395.
Ponsard, 1400.
Philippe, 1415.
Pierre de Roquigny, dit le Boucher, 1426.
Jean Lochart, 1463.
Gobert de Roquigny, 1477.
Jean Hardy, 1486.
Pierre Frayart, 1491.
Gobert Cousin, 1520. (V. suite ci-dessus, pp. 32-33).

Abbés commendataires au XVIIe siècle.

Eustache Picot, 1638.
Cyrus de Villers La Faye, 1648.
Gilles Dez de Fontaine, 1665.
Marc-Antoine de Brisay de Denonville, 1697.
Charles-Armand de Gontaut de Biron, 1722.
Louis de Chomel, ancien évêque d'Evreux [1], 1732.

* * *

Le tome II, qui porte au dos : *Biens des religieux*, est entièrement consacré à la description de ces biens. En 1630, avait

1. Qualifié ancien évêque d'Orange dans l'*Essai historique sur Rozoy-sur-Serre*, par G.-A. Martin, t. II, p. 184. — Voir la liste des abbés de Chaumont dans la *Metropolis Remensis Historia*, par D. Marlot, t. II, p. 880 et 881. Celle-ci en diffère pour les abbés réguliers, surtout au début, mais elle doit offrir des omissions et des erreurs. La suite des abbés commendataires jusqu'en 1790 est donnée par Fisquet, *La France pontificale*, Reims, p. 389.

eu lieu le partage en trois lots, contenant chacun un tiers : l'abbé a eu les deux tiers, les religieux le troisième.

La table, placée en tête du volume, donne la liste des biens ; en voici le sommaire par article, pour ce qui concerne la part des religieux :

Ferme de Chatigny, terroir de Chaumont.

Vivier des Prêtres, joint à cette ferme.

L'hôpital de Chaumont [1].

Terres franches de terrages à Chaumont et à La Romagne.

Droit de justice.

Droit de chasse et de pesche dans la rivière d'Aisne.

Droit de tonnelieu à la foire de St Michel en 7bre, à Chaumont.

Bois de l'abbaye à Chaumont.

La ferme de Courbraine, ban de Givron.

Les dismes de St Ferjeux.

Les menues dismes de St Ferjeux.

Le gros du curé de St Ferjeux.

La ferme de Gomont.

La ferme d'Hardoye.

La ferme de Lucquy [2].

Le pré de Dommely joint à la ferme de Lucquy.

Les grosses dîmes de Maimbressy et de Maimbresson.

Les menues dîmes des deux villages.

Des terres et prés à Maimbressy.

Quatre fauchées de prés.

Terrage et cens du ban St Berthaud.

Préciput sur le terrage.

Gros du curé.

Grange du presbytère.

Agrandissement du chœur de l'église en 1688, à la charge des habitants. (Voir, p. 391, les dons de livres et d'ornements aux églises de Maimbressy et de Maimbresson.)

Préciput de St Jean aux Bois.

Préciput de Thorin [3].

Droit de pesche en la rivière d'Aisne, concédé en 1239 par Geoffroy, seigneur de Château-Porcien, p. 412-465.

Remoncourt, seigneurie, terres et prés.

1. Hôpital remontant au moyen âge, qui était situé dans la rue principale du bourg, à l'endroit de la chapelle ; voir l'*Essai sur Rozoy-sur-Serre*, t. I, p. 556, et t. II, p. 402.

2. Ferme du terroir de Remaucourt, près de La Piscine, canton de Chaumont-Porcien.

3. Ferme du terroir d'Ecly, canton de Château-Porcien.

Le terrage de Remoncourt.

Les dismes de Remoncourt.

La ferme de St Remy le petit.

La ferme de La Bouloye, ban de La Romagne.

Bois à la Romagne.

La ferme de la Marlière, ban de la Romagne.

La ferme de Rocquigny.

La ferme de la Rosière, ban de Roquigny.

Du prieuré de Gérigny, uni à la mense conventuelle en 1696, ban de Roquigny.

Rente sur 4 fauchées de prés à Chaumont.

La ferme du Thour et de Villers [1].

La ferme de Vaux les Rubigny.

Une part dans la seigneurie de Vaux, achetée par les religieux en 1699.

La ferme de Vauxboison [2].

Rente de 49 l. 12 s. sur l'hôtel de ville de Reims, actuellement sur celuy de Paris, acquise par les Religieux en 1723.

De longs développements, des pièces nombreuses données *in extenso*, accompagnent chaque article de la désignation des biens. (*Bibliothèque de l'Archevêché de Reims*. Communication de ces deux volumes manuscrits en février 1891.)

III. — Déclaration des biens de l'abbaye de Chaumont-Porcien en 1522 et 1523 [3].

C'est la déclaration des terres, seigneuries, prés, maisons, censes, censives, rentes et redevances appartenant aux Religieux, Abbé et couvent de l'église et monastère de monseigneur saint Berthaud de Chaumont en Chaumontois, que baillent par écrit F. Gobert Cousin, Abbé de laditte abbaye, à Messeigneurs les Commissaires du Roy, nostre sire, sur le fait des francs fiefs et commis aux enquêtes pour fournir aux publications et instructions par bons fruits, protestent s'ils avoient aucunement omis aucune chose par inadvertance, de ne my mentir [4].

1. Communes du canton d'Asfeld. Lieudit *La Piscine* sur le terroir du Thour, section D, emplacement de l'ancienne maladrerie, acquis par l'abbaye de Saint-Berthauld.

2. Ferme du terroir d'Asfeld.

3. Extraits d'une liasse mss. de titres recopiés au XVIIIe siècle d'après les originaux. Papiers de M. l'abbé Baudrillart, curé doyen de Chaumont-Porcien. Documents communiqués et transcrits en juin 1884. Ce doyen possédait une bibliothèque assez nombreuse, comprenant beaucoup de livres d'anciennes abbayes des Ardennes, qui ont été cédés par ses héritiers à la librairie Jolly, de Charleville.

4. Ce document a été copié, probablement par les Religieux de la Piscine, d'après la pièce originale qu'ils disent *écrite sur un beau vélin, mais dont les caractères, peu conformes à ceux que nous formons aujourd'huy, en rendent la lecture très difficile ; elle est de 1522*. Cette mention, placée en tête du cahier, met en garde contre les fautes du copiste.

CHAUMONT.

Et premièrement à la ditte église appartient le lieu et place ou est assise laditte eglise, abbaye et monastère dudit Chaumont sur la montagne, toutes les ambites d'iceluy, auquel lieu et ambites lesdits religieux ont toute la justice foncière, jadis donnés et aumonés à la ditte eglise par feu de bonne memoire Regnaut, sire de Rosoy, dès l'an mil cent soixante et quatorze.

Item, par même donation, appartient à la même eglise les heritages qui s'ensuivent scitués et assis au ban et finage dudit Chaumont.....

(*Enumération des prés, viviers* [1], *censives, redevances diverses.*)

CENSE DE CHATIGNY, assise au dessous dudit chastel de Chaumont.

En laquelle il y a grange, maison, cour, colombier et jardinage, et en laquelle les religieux ont la justice foncière.....

(*Dépendances de Chatigny* [2].)

CENSE DE TRION [3].

... Cense ou gagnage au terroir de Chaumont, appellé le Gagnage de Trion, contenant maison, grange, estables, jardins et pourpris, auquel lieu les religieux ont la justice foncière.....

Sur l'un des viviers, moulin qui sert à moudre pour la provision des religieux..... lesdits viviers sont petits et le moulin ne sert qu'à moudre leur bled et encore en temps de pluye.....

CENSE DE LUTEL [4], à demie.

Sise au terroir de Chaumont, la cense ou gagnage de Lutel, maisons, grange......., vivier et moulin......., bois, prés......., terres.....

CENSE DE FLÉES [5].

Cense ou gagnage de Flées, avec soixante-deux muids de terre, pré, abatis.....

PARGNY [6].

Métairie et cense appelée Pargny, maisons, grange, estables, terres, prés et bois....., donnée par Guion d'Epargny, chevalier, à charge de faire prier Dieu pour lui en la chapelle de Pargny, là où il est enterré avec sa femme.

1. Le principal vivier était situé près du chemin de Château-Porcien. On l'appelait le *Vivier des prestres*. Il y avait eu jadis là un moulin, qui était tout en ruine au XVIe siècle.

2. Il est déclaré que l'abbaye avait, par la donation de Regnaut, « tous les tonnieux de toutes les denrées qui se vendent à la fête St Michel à Chaumont, et de plus une chapelle fondée en l'honneur de M[r] St Denis. »

3. Ferme actuelle du terroir de Chaumont-Porcien.

4. *Le Luteau*, de même.

5. *Flay*, ferme actuelle du terroir de Remaucourt.

6. Ferme importante, écart du terroir de Château-Porcien.

Pièce de bois sous le chasteau de Beslieu, tenant à la rivière d'Aisne et au terroir de Blanzy.....

Rivière d'Aisne.

Droit de pêche à Pargny.....

REMONCOURT.

Moitié de la ville et seigneurie de Remoncourt, avec justice... par indivis à l'encontre du prieuré de St Hubert, pour faire faire justice en tous cas criminels, si le cas y échet, à cause de ce a-t-on mis une fourche patibulaire sur le mont du côté vers Chapes, en allant à Flées.....

Etang, moulin en rivière..... Terres.....

ADON.

Donation du sire de Rozoy....

Terres, prés, jardins, maison en ruine et savart..... [1].

Item la moitié des chapons de toutes les rentes de laditte ville, et s'il advient que laditte ville fut détruite et inhabitée, au cas appartiennent auxdits religieux tous les chapons jusqu'à la réédification de la ditte ville.

Item, une vigne nommée la Clouette, contenant dix quartels ou environ, tenant au chemin d'une part et d'autre aboutant sur les terres, et de présente est en jardinage, la vigne toute détruite par les guerres et mauvais tems qui a régné.

Quatre prés....., l'un d'eux au lieu dit Henry d'Espinoy.....

Item, plusieurs autres cens ou censives sur plusieurs pièces de vignes, en lieu dittes les Plantes, qui valoient au temps passé quarante sols tournois et a présent sont totalement en ruine, et n'en ont aucune chose les religieux.

DOMMELIE.

Vignes en ruine.....

BÉGNY.

Terrages du tout en ruine.....

GIVRON.

Maison et terres.....

WASIGNY.

Droits sur des terres, moitié du four banal, lequel est de présent tout en ruine.....

1. « Premierement un jardin où souloit avoir une maison, ledit jardin, tenure et maisonnage franchis de toutes servitudes quelconques selon la coutume de Vervin, laquelle maison est en ruine et savart. » — Nous signalons ce passage à cause de la mention de la coutume de Vervins, encore en vigueur à cette époque dans une contrée où les coutumes de Vitry et de Vermandois devaient régner seules, d'après les indices des lieux.

SAINT-FERGEUX.

Cens, four bannal en ruine.....

CHASTEL EN PORCIEN.

Censives sur maisons.....

SON.

Muid de seigle à prendre sur les terrages de Son, pour l'augmentation de la chapelle de Flées.

Le tout est amorti par feu pape Grégoire et confirmé en l'an mil deux cents vingt sept, et amorti par un nommé Roy de Navarre, conte de Champagne et de Brie et palatin, fait en l'an 1269 comme appert par les chartres et bulles.

HARDOYE.

Prés et bois.....

VAUX LES RUBIGNY.

Terre, prés.....

MAIMBRECY.

SAINT-JEAN.

ROCQUIGNY.

.... Item ont lesdits Religieux audit Roquigny un droit appellé franc Bourgeois sur un homme dudit Roquigny, tel qu'il leur plait, lequel homme est tenu d'assister le jour Saint Berthaud à la procession de laditte église et porter la verge devant l'abbé et luy bailler et à tous les religieux chacun un chapeau de fleurs, et partant est franc et exempt des actions de ville, exceptés homicide et larcin.

RUBIGNY.

Maisons....., prés.....

GERIGNY [1], don de Roger de Rosoy et d'Aëlis sa femme.

Chapelle de Ste Catherine, prés, édifices, pâturages, terres, trente muids de vin sur les vignes de Crespy en Laonnois....., droit de luminaire, de pêche pour les religieux demt à Gérigny.....

La chapelle de Flées, sous le vocable de St Nicaise. (Don de Godefroy de Louvain, frère du duc de Brabant et de Marie sa femme.)

VASSONGNE [2], comté de Roussy.

Dix muids de vin.....

HERBIGNY.

Maison, prés, terres.....

1. Ancien prieuré, hameau actuel du terroir de Rocquigny.

2. *Vassogne*, commune du canton de Craonne, non loin de Roucy (Aisne).

TORREN [1].

Deux septiers de froment.....

JUSTINE.

Grains.....

JUMIGNY [2].

Dix muids de vin, comme appert par la charte de Godefroy de Balhan.....

AVENSON.

Droit sur les grains.....

GOMONT.

Un quartel de vignes....

LAON.

Une maison et lieu, ainsi que tout se comporte, scitué audit Laon, auprès l'église St Georges [3], tenant au presbytère d'une part et à Berthaud Maureau d'autre, budant en rüe, laquelle rend vingt sols tournois par an, et à vendre pour une fois trente livres tournois.

EPPE [4], conté de Roussy.

Maison, vignes, prés, terres.....

REIMS.

Ladite maison ou église a une maison, lieu et pourpris, ainsi que le tout se comporte à la ditte ville de Reims, auprès de St Pierre le Vieux [5], tenant à la maison de l'abbaye de Vauc(l)er [6] d'une part, laquelle est quasi tout ruinée, et peut valoir par chacun an, bon tems mauvais tems, vingt quatre sols tournois de rente, et à vendre pour une fois quarente livres tournois.

Laquelle maison leur a été antiennement donné à la charge de dire, par chacune semaine de l'an, quatre messes basses en laditte eglise et abbaye, avec autres héritages dénoncés en la ditte donation, desquels ils ne jouissent que de la moindre partie.....

LES MAISNEUX [7], seigneurie mouvante du chapitre de Reims.

Item, au village des Maisneux, une vigne contenant seize

1. *Thorin*, terme, écart actuel du terroir d'Ecly, canton de Château-Porcien.

2. Canton de Craonne (Aisne).

3. Ancienne église paroissiale, démolie lors de la construction de la citadelle de Laon en 1595. (MELLEVILLE, *Histoire de Laon*, 1846, t. I, p. 86.)

4. *Eppes*, commune du canton de Laon (Aisne).

5. *Saint-Pierre-le-Vieil*, ancienne église paroissiale, rue du Cadran-St-Pierre.

6. *Vauclerc*, ancienne abbaye cistercienne du diocèse de Laon.

7. *Les Mesneux*, commune de Ville-en-Tardenois (Marne).

hommées ou environ, tenant au chemin d'Orme [1], qui mène audit Maisneux, et valent par an douze sols tournois et à vendre pour une fois vingt livres tournois.

JUSTINE, seigneurie du chapitre de Reims.

Prés....., lieudit au Cynon [2].

AUTHEVILLE [3], comté de Portien.

Prés.....

CHAUMONT, PARGNY, REMONCOURT.

Héritages non déclarés plus haut.....

Suivent les lettres d'amortissement, données à Paris le 19 septembre 1523, moyennant la somme de 240 livres tournois, que pauvre frère Gobert Cousin, abbé de ladite abbaye, en a payé comptant et mis ès mains de Jacques Regnesson, notaire et secrétaire du Roy.

A l'original ont signé : NICOLAS, BERTHELOT, VICHON. (L'original sur vélin, la copie sur papier.)

NOTA. — A la suite est en partie transcrite une autre déclaration de biens, faite pour la même cause en 1547, et vérifiée par un greffier, le 5 février 1615. On y trouve, en plus de celle de 1522, la cense de la Croix à Chaumont, les censes de La Boulaye et de la Paternotte au terroir de la Romagne [4].

(*Papiers de M. l'abbé Baudrillart, ancien curé-doyen de Chaumont, 1884.*)

IV. — VISITES DE LA PAROISSE DE CHAUMONT-PORCIEN, PAR CH.-MAURICE LE TELLIER, ARCHEVÊQUE DE REIMS. (1678-1680).

Sainte-Croix de Chaumont, à la présentation de l'abbé de Chaumont (c'est M. Desfontaines).

(*Première visite*).

Visité le 2e may 1678.

F. Cyprien Desmarest, religieux de St-Martin de Laon, âgé de 64 ans [5]. En janvier 1680, F. Alexis Sadet [6], du choix du prieur des réformés de Chaumont, m'en a répondu [7].

1. *Ormes*, commune d'un canton de Reims.
2. *Le Chénon*, commune de Justine.
3. *Hauteville*, commune du canton de Château-Porcien.
4. Ces censes ne figurent plus parmi les écarts de ces communes.
5. Le nom de ce curé figure sur la plaque de la pierre de fondation de la nouvelle église en 1671, d'après l'inscription donnée plus haut. Il fut ensuite curé de Remaucourt et mal noté par l'archevêque. — Cf. *Essai sur Rozoy*, t. II, p. 307.
6. Son acte de sépulture cité dans l'*Inventaire-Sommaire des Archives des Ardennes*, par P. Laurent, t. VI, p. 4.
7. Cette mention d'un nouveau curé a été ajoutée, avec sa date, dans le récit de la visite de 1678.

Point de presbytère. Les paroissiens disent que c'est à l'abbé à le bâtir. Il (le curé) loge dans le château.

Point d'église, mais on travaille fort lentement à la rebâtir. On fait présentement le service dans une petite chapelle bâtie sur une montagne. Peu de linges. Les livres de chant sont romains, le missel est de Reims. Il en faut parler à M. Desfontaines, aussi bien que du calice qui est d'étain.

350 communians.

(*Deuxième visite, non datée*).

F. Norbert du Perron, prêtre religieux de l'ordre de Prémontré, de l'abbaye de Belleval [1], âgé de 35 ans. C'est un bon religieux, s'est estropié.

Les habitants m'ont promis de bâtir le presbytère ; il faut obliger l'abbé à donner une place qui lui appartient proche l'église, l'ancien curé y a logé 42 ans.

(L'église) est présentement bâtie. Je l'ai vue. Est bien, hors qu'il y manque le lambrys et le pavé. On y fait le service. Manque de retable d'autel, d'un tabernacle ; celui qui y est est indécent. Le calice est d'étain, mais on se sert de celui de la chapelle, qui est d'argent.

Je parlerai de tout cela à l'abbé Desfontaines.

(*Visites des annexes*).

St-Eloy d'Adon, secours. 120 communians. L'église très désolée, à la charge de l'abbé. Est mieux [2]. Le calice est d'argent. Point d'ornemens, ni livres. Est desservie par le curé de Chappe par ma permission.

Par une ordonnance en forme, j'ai ordonné que cette cure sera desservie doresnavant par le curé de Chaumont comme succursale.

Quelque chose encore à réparer à l'église, surtout couvrir les fenêtres du cœur et y mettre des vitres [3].

On a donné des livres.

St Nicolas de Logny, autre secours. 72 communians.

L'église couverte de paille et menace ruine, à la charge de l'abbé de Chaumont [4].

1. *Belval-Bois-des-Dames*, canton de Buzancy.

2. Mention ajoutée après coup, sans date.

3. Eglise démolie et reconstruite en 1876, sans aucuns vestiges de l'ancienne, qui datait du xviie ou xviiie siècle.

4. Eglise reconstruite en 1689 selon le traité passé le 9 juin de cette année et actuellement aux Archives de Reims, cité plus loin. On y a conservé jusqu'à nos jours les fonts baptismaux du xiie siècle, cuve en pierre de Givet, ornée de dessins et de figures intéressantes. La date de 1689 se lit au-dessus de la porte de l'église.

Presque point d'ornemens. Les livres de chant sont de Prémontré. Un religieux de l'abbaye dessert cette église. Manque un soleil. J'ai donné une boëte d'argent.

Par une ordonnance en forme, j'ai ordonné que le curé desservira doresnavant cette cure comme son secours. Quand il y aura un nouveau curé à Remaucourt, il faudra faire desservir cette église par celui de Remaucourt, parce que Remaucourt est bien plus près de Logny que Logny ne l'est d'Ardoye. (*Papiers de Ch.-Maurice Le Tellier, archevêque de Reims, à la Bibliothèque Nationale, Mss., Fonds français, Nos 6025, 6026, à la page 144 du registre des Visites.*)

Autres visites de la paroisse de Chaumont (1663-1671).

Chaumont Ste Croix, le ii juillet 1663. M. Taillet, XXV s.

L'église de Ste Croix de Chaumont est ruinée. L'abbaye est transférée à la Piscine, on fait l'office en une chapelle au cimetière, dédiée à St Michel, distant du bourg d'un demy quart de lieu.

F. Nicolas Cyprian Desmarest, profès de Chaumont, curé, Pierre Bontemps me d'eschole, Bertaut Lesonier, coustre, Jeanne Fleury belle-mère. Les décimateurs : l'abbé de Chaumont, et est patron de la cure.

Le sr curé a une portion congrue de iiic l. La chapelle est trop petite et ne peut contenir les paroissiens et est ouverte en plusieurs endroits, et l'on n'y peut célébrer avec décence. Le St Sacrement est en un ciboire d'estain en un petit tabernacle posé sur l'autel, les stes huiles et les fonts en estat, le cemitiere est fermé d'hayes.

Nous avons ordonné d'acheter une boete d'argent pour mettre dans le ciboire ; et de faire saisir les dixmes à la requeste du promoteur pour faire bastir une eglise, et d'acheter un bassin couvert pour mettre l'eau baptismale.

Il y a deux petits vilages qui sont de la paroisse où il y a chapelle, sans ciboire ny fonts. Le sr curé va dire la messe à Adon sans obligation, et le sr Camus à Logny sans aggrément du sr curé.

Le 30 may 1665, Mrs Roland et Egan.

Le tout comme à la 1re visite. L'on préparoit la place pour bastir une église.

Le 20 juin 1671, Mrs Egan et Bourgongne.

L'église de St Eloy d'Adon, secours de Chaumont, l'abbé de Chaumont seul decimateur, Me Pierre Herois vicaire résidant, il n'y a point de St Sacrement, les fonts ne sont pas décents, les s^tes huiles en un armoire fermant à clef ; l'église est en mauvais estat, avec peu d'ornements, et très malproprement tenus, point de missel rémois, l'église a environ 20 livres de revenu, 130 communiants, le s^r abbé a obtenu arrest du grand conseil portant que l'on prendra 100 l. sur les dîxmes pour un vicaire à la charge de résider. Si le vicaire abandonne son.....

Ledit vicaire va souvent à Givron au cabaret. Il n'y a point de maison presbitérale.

(*Archives de Reims, fonds de l'Archevêché, Registre des visites en 1663*, f° 197).

V. — Extraits des archives de Reims sur la paroisse de Chaumont-Porcien [1] (1651-1774).

22 octobre 1651. — Testament de Pierre Fatré, bourgeois de Louny [2], contenant des legs à l'église de ce lieu, passé pardevant Claude Bruneau, notaire royal à Chaumont.

3 août 1675. — Accord conclu pardevant Robert Dey, grand archidiacre de l'église de Reims, entre François d'Ambly, marquis des Ayvelles, Chaumont, autres lieux, et Gilles Dez, sieur des Fontaines, docteur de Sorbonne, conseiller aumônier du roi, abbé commendataire de l'abbaye de Chaumont, et les habitants et paroissiens dudit lieu, relativement à des arrangements à prendre dans la nef de l'église nouvellement construite par les habitants, « de leur plein mouvement, sans y avoir appellé, ni l'avoir faict sçavoir audit s^r Abbé ». Construction d'un chœur ou abside reconnue nécessaire pour l'agrandissement de l'édifice.

Juin 1674. — Procuration des habitants de Chaumont en vue d'arrangement avec l'abbé relativement à l'église paroissiale.

12 juin 1674. — Procuration de l'abbé de St Berthault de Chaumont à cet effet.

9 juin 1677. — Lettre de Fr. d'Ambly des Ayvelles sur le même sujet.

12 juin 1689. — Traité pour la reconstruction de l'église de Lonny [3].

Septembre 1697. — Ordonnance de M. de Vuarigny, maître des eaux et forêts, relativement aux deniers à recouvrer de divers particuliers de Chaumont.

1. Archives départementales de la Marne, en dépôt à Reims ; fonds de l'archevêché de Reims, série G, visites.

2. *Logny-les-Chaumont.*

3. Petit édifice avec chevet arrondi, resté en bon état depuis cette reconstruction.

8 mai 1723. — Visite de la paroisse de Chaumont par Armand-Jules de Rohan, archevêque duc de Reims, en présence de Fr. Nicolas Jobart, religieux prémontré, desservant en la place de frère Ignace Ronseraux, curé prieur, détenu en son presbytère pour infirmité. Description de l'église, des autels, ornements, réparations à y faire, etc.

10 septembre 1745. — Visite de l'église de Chaumont par le vicaire général de l'archevêque de Reims.

Même date. — Visite des églises d'Adon et de Logny par le même vicaire général. (*Signé*) Zénard. (Visites distinctes.)

12 juin 1769. — Visite de l'église d'Adon, procès-verbal signé de P. Dolivet, Thierry, Baudrilliard, François Le Brun, J.-B. La Croix, maître d'école.

1738. — Requête de Frère Jacques Huguenin, prieur curé de Chaumont, aux grands vicaires de l'archevêque, relativement à des fondations faites par Gilles Bertrand et Marguerite Duguet.

1762-64. — Pièces relatives à la fondation de J.-B. Faux, contrôleur des actes au Bureau de Chaumont. Approbation de la fondation de d^lle^ Marie-Apolline Faux, sa sœur, de messes et saluts, etc.

18 novembre 1764. — Estimation d'une pièce de pré dépendant de ladite fondation [1].

1774. — *Demandes concernant l'état de l'Eglise et de la Paroisse de Chaumont-Porcien, auxquelles M. le Curé est prié de donner sa réponse par écrit.*

Curé ? — Jule Brûlé, âgé de 58 ans, né à Rethel-Mazarin, prêtre depuis 32 ans, travaillant dans le ministère depuis 24 ans, dont 3 ans en qualité de vicaire dans le diocèse de Noyon, trois dans le diocèse de Cambray en cette même qualité, et 17 dans celui de Reims en qualité de curé.

J'ai l'extension des pouvoirs et des cas réservés.

Patron ? — Le collateur est Mgr de Chaumel, ancien évêque d'Orange et abbé de la Piscine les Chaumont [2].

Seigneur ? — La dame de la paroisse est Madame de Gamache, qui réside à Paris ou à Fayelle [3]; quant aux droits honorifiques et depuis quand elle en jouit, je n'en sçai rien.

1. Cfr. *Inventaire sommaire. Fonds de l'archevêché de Reims*, par L. Demaison, 1900, p. 241.

2. *Louis Chomel*, évêque d'Orange en 1720, démissionnaire en 1730, nommé abbé de Chaumont par le roi, le 5 mai 1732, mort à l'âge de 93 ans et 8 mois, à Paris, le 25 mai 1780. (*La France pontificale*, par H. Fisquet, Reims, 2e édition p. 393.)

3. *Fayel*, arr. de Compiègne (Oise).

Ressort ? — Bailliage de Ste-Menehould, cour supérieure de Châlons, intendance de Châlons, subdélégation de Château-Portien, de la maîtrise des eaux et forêts de Ste-Menehould.

Adresses ? — Pour les letres à Rethel-Mazarin, où il y a un messager qui apporte les lettres tous les mardy de chaque semaine.

Dîmes ? — Le possesseur des grosses et menues dîmes est Mgr de Chaumel ; je n'ai aucun préciput et pour toute richesse 500 livres qui ne me sont pas suffisant pour vivre, faire l'aumône et recevoir les hostes.

Etendue ? — Il y a deux hameaux dépendant de la paroisse, qui sont Pagan et Maurois, à distance de 3/4 de lieu. En outre, Trion qui sont deux grosses fermes, distance d'une 1/2 lieu, plus le Luthiau qui consiste en une ferme et un moulin, distance de 3/4 de lieu. Il y a Chevrier, qui est une grosse ferme, distance d'une lieu, le Balivoir qui est aussi une grosse ferme à même distence [1]. Il y a des ruisseaux à passer pour l'une et l'autre de ces fermes.

L'étendue de la paroisse est de cinq à six lieus de tour, avec des ponts dont les eaux surnagent par dessus.

Secours ? — Il y a deux secours, Adon et Logny ; le vicaire bine et moi de tems en tems. De tout tems Adon a été attaché à Chaumont, et depuis trois ans Logny lui a été donné, et avant que Logny fut donné à Chaumont, il n'y avoit pas de vicaire.

Fonts baptismaux ? — Il y a des fonts baptismaux dans mes deux églises succursales et des cimetières séparés de tout tems dans l'un et dans l'autre, et je ne sçai par quelle permission.

Distance ? — Chaumont, qui est l'église paroissiale, est situé dans le milieu, Adon en est éloigné d'une demy lieu d'un côté et Logny autant de l'autre, ce qui fait une bonne lieu pour aller de l'un à l'autre. Nota que pour aller d'Adon à Logny, ainsi que du chef-lieu, il y a un bois à passer qu'on peut appeller coupe gorge [2].

Communiants ? — Dans le chef-lieu, il y a 800 communians, qui seul demanderoit un vicaire, et 300 dans les deux secours, qui en occuperoit encore bien un autre.

Paroissiens, leur caractère ? — Sur cette article, je ne puis rien dire, n'y pouvant diffamer mes paroissiens. Cependant la

1. Hameaux et fermes encore existants : *Pagan*, *Mauroy*, *Trion*, *Le Luteau*, *Le Bois-Livoir* et *Chevrières*, ferme importante, reste d'un ancien domaine, avec pavillon du XVIIe siècle, servant d'habitation; sur la porte extérieure se voit encore un écusson sculpté portant en chef une étoile et une gerbe, ou une main pendante en pointe.

2. Le bois de Chaumont, ancien domaine de l'abbaye, défriché en grande partie vers 1860, sauf au-dessus de Logny.

calomnie, ainsi que la médisance, en est un grand deffaut, sans d'autre que je ne puis nommer.

Professions ? — La profession est de soigner de la laine, de faire des chaines, de faire de la toile et d'être maneuvre.

Vicaires ? — Il n'y a qu'un vicaire pour Chaumont, Adon et Logny, qui est obligé de dire feste et dimanche deux messes. Son nom est Mathieu Villard, son âge est de 30 ans, du diocèse de Reims, depuis trois ans et demy est prêtre, et après avoir desservi La Berrière [1] six mois, dessert depuis dix neuf mois dans mes paroisses de Chaumont, d'Adon et Logny ; il est né à Don le Moulin, proche Donchery [2].

Le vicaire réside dans la paroisse de Chaumont à ses dépends, il n'y a point d'habitation pour le vicaire.

Le vicaire n'est fondé que depuis quatre ans, cy devant il n'y en avoit pas, parce que Logny étoit l'annexe d'Ardhoy [3] ; l'honnoraire du vicaire consiste à trois cens livres, et toutes ses messes ; il est payé par les gros décimateurs de deux cens livres et cent livres que moi prieur lui donne ; point de casuel ; je doute fort que les paroisses lui fournissent des messes pendant le courant de l'année, vûe la miser des tems.

Ecclésiastiques résidants ? — Sur cette article, néant.

Chantres, sacristains ? — Ainsi sur cette article, néant.

Station ? — Il n'y a point de station fondée, et quand l'on en reçoit (des stationnaires), ils n'ont que la charité des fidelles. Je ne sçai qui a le droit de présenter des prédicateurs, ils prêchent dans les paroisses que leur mandement leur désigne avec édification.

Heure du service ? — Dans la paroisse maîtresse, on dit en tous tems la messe à neuf heures, et dans les églises succursales dans tous les tems on dit dans la première (Adon) à cinq heures en été et sept en hyver, et dans l'autre quant l'on peut. La première est toujours Adon, la seconde Logny ; il n'y a point de règlement à ce sujet..., ce que j'ai établi pour le bien des trois paroisses dont je suis chargé.

Maître d'Ecole ? — Il y a un maître d'école sans fondation, qui est nommé des paroissiens, autorizé (de) l'Archevêché est c'est elle qui le nomme (*sic*), et il n'a pour droit que le marlage que lui accorde les habitans.

Le maître d'école école les filles et les garçons, ainsi point de maîtresses. L'école se tient chez lui ; pour le nombre d'enfans

1. *La Berlière*, canton de Buzancy.
2. *Dom-le-Mesnil*, canton de Flize.
3. *La Hardoye*, canton de Chaumont-Porcien.

qui viennent chez lui, passent cens enfants dont la plus part ne sont pas en état de payer le maître, ainsy corvé qu'il fait dans la plus part.

Registres ? — Cet article est en règle, et remonte environ de cens dix ans [1].

Eglises ? — Les annexes des paroisses sont assez grandes pour contenir le monde, les sanctuaires sont très étroit, le cœur de même ; la nef est suffisante pour le monde, sans voûte, mais lambrissée.

Dans l'église de Chaumont, il y a trois autels, il y a une pierre sacrée au maître autel et une à celui de la Vierge. Dans Adon et Logny, il n'y a que le maître autel.

Il n'y a jamais de lampe allumée dans le chef lieu que pendant le service divin, et dans les annexes jamais, n'ayant pas de fonds pour cela.

Il y a dans le chef lieu, ainsi que dans les deux annexes, des sacristies, qui sont à la charge des gros décimateurs.

Cimetières ? — Il y a des cimetières dans le chef lieu, ainsi que dans les deux annexes ; l'on n'y tiend ny foires ny marchés, mais ils ne sont fermés que de mauvaises hayes, celui du chef lieu est à un bon cart de lieu du village dans la campagne.

Réparations ? — Il y a beaucoup de réparations à faire au chœur de la maîtresse Eglise, ainsi que dans les annexes, le pavé demande réparation.

La réparation du chœur est grande, mais il faut un ingénieur pour décider cela, ainsi que de la nef, que du pavé et que des fenêtres. Je ne suis pas connaisseur en réparation, il faut faire une visite pour décider cette article, ainsi que de tout ce qui précède.

Chapelles ? — Il y a deux chapelles dans l'église principale, qui ne sont ny orné ny décoré, la fabrique n'ayant point de revenus pour cela, étant très pauvre ; ils (les autels) sont cependant ornés d'une nappe et de quatre chandelliers.

Sages-Femmes ? — Jusqualors il n'y a pas eû de sages femmes, mais aujourdhuy il y en a une qui est aux Ecoles à Château-Portien [2].

Fabrique ? — La fabrique a peu de revenu, à peine en a tel (*sic*) pour survenir (*sic*); ce n'est que par une grande économie qu'elle puisse y parvenir, il n'y a pas de revenu casuel, les charges ordinaires sont plusieurs obist que je decharge, qui se monte pour moi à la somme de trente livres.

1. Registres paroissiaux, remontant à 1659, aujourd'hui à la mairie.

2. Auparavant les femmes de la paroisse élisaient l'une d'entre elles que l'on nommait la belle-mère et qui prêtait serment en cette qualité devant le curé.

L'on tient des bureaux de fabrique tous les ans, à la reddition des comptes du marguillier sortant, il présente son compte de ses reçus et de ses déboursés ; c'est le marguillier qui tient l'argent quant il y a en a, et c'est lui qui paye partout. Le curé ne se charge aucunement de la recette, et ne détermine rien que le bureaux assemblé, et l'on mest au bas du compte du marguillier qui le rend lad. déliberation qui a été faite, quant on en fait.

Le bureau est composé du curé et des principaux habitans qui sont convoqué par le curé, et l'élection de chacque marguillier se fait le premier de l'an et ne sont (les deux) en exercice qu'un an.

Les comptes se rendent tous les ans pardevant les habitans et le curé, ce qui fait la clôture est la signature que les habitans et le curé mettent au bas du compte.

Il n'y a ny dettes actives ny passives, parce que l'on achette errien (*sic*) que conformément au revenus, et quand l'on voit qu'on est un peu obéré, on diminue le nombre des cierges pour venir à bout de ses affaires, ce qui fait souvent dans une fabrique la plus grande dépense que la cire.

Diligences pour faire payer ? — La réponce est un ouy.

Fondations ? — Il y a des fondations pour quelque obit et les charges sont exécutés, et le revenu est modique.

Tableau ? — Pour peu de fondations que l'église a, il y a des titres.

Aisances ? — Je réponds à cette article néante.

Confrairies ? — A cette article, néante.

Pélerinages ? — Il y a Ste Olive, pour laquelle tous les peuples ont beaucoup de dévotion ; je ne sçai s'il est autorisé ; il y a de la dévotion sans abus [1].

Inventaire des titres ? — Je ne sçai cela, parce que je n'en connois pas.

Coffre à deux clefs ? — Il y a un coffre à deux clefs pour mettre les titres et papiers de l'église, dont j'en tiens une et le marguillier l'autre, et à la reddition des comptes, de crainte de vol, le marguillier se charge de l'argent sy il y en reste.

Emploi des deniers de la Fabrique par la Communauté ? — A cette article, je répond que non.

Presbytère ? — Il y a un presbytère qui est en très mauvais état, un logement fort succinct à portée de l'église, mais très difficile pour y aller, il y a un gardien qui en dépend.

Bénéfices ? — Néant.

1. Procession traditionnelle à la chapelle Ste Olive, le Lundi de la Pentecôte.

Hôpitaux ? — Néant [1].

Chapelles castrales ? — Néant.

Hermitages ? — Il y a un hermitage que l'on appelle Ste Olive; l'hermite se nomme Jean Dumeny, homme âgée d'environ soixante ans, diocèse de Reins; pour sa vie et ses mœurs je ne puis lui rien reproché [2].

Rapport de fer ? — Néant.

(*Signé*) F. Jule BRULÉ, prieur curé de Chaumont, d'Adon et Logny.

Nota que pour obvier à remplir le mémoire de Adon et de Logny, j'y ai renfermé l'un et l'autre dans le mémoire de Chaumont, à la réserve qu'il y a beaucoup de réparations à faire à l'église d'Adon; à Logny, je n'en connois point, sinon que l'autel est en très mauvais état; que cette église n'a pas un liard de revenû. Il n'y a que le bain bénit (*sic*), qui ne fornisse qu'à demi pour la cire, et les marguelliers donne par charité le reste; il n'y a aucun ornement qu'on puisse appeler ornement, point de linge; voilà cependant plusieurs fois que je fais mes représentations à Monseigneur l'ancien évêque d'Orange [3] à ce sujet, sans avoir de réussite.

F. Jule BRULÉ, prieur curé de Chaumont, d'Adon et Logny.

VI. — Bibliographie.

1. — *Vie du glorieux saint Berthaud, (réputé) premier abbé de Chaumont-en-Porcien*, par Jean Lietau, prieur de Chaumont. *Reims, Constant*, 1634, in-12.

Opuscule rarissime, indiqué et décrit d'après l'abbé Boulliot dans la *Biographie ardennaise*, 1830, t. II, p. 104 à 106.

2. — *Acta Sanctorum, quotquot toto orbe coluntur*, 1643-1794, in-f°.

Suite des Bollandistes, juin, t. III, p. 98 à 108.

3. — *Metropolis Remensis historia... studio et labore* D. G. Marlot. — *Insulis*, 1666, *Remis*, 1679, 2 vol. in-f°. — Voir au t. II, p. 879 à 881.

1. Il y avait eu un hôpital à Chaumont au moyen âge, mais sa ruine était constatée en 1738. (Cfr. *Essai sur Rozoy-sur-Serre*, t. II, p. 402.)

2. La présence d'un ermite à Ste Olive, dans ce lieu solitaire et alors forestier, n'avait rien d'extraordinaire, même à la fin du XVIIIe siècle, à Chaumont, étant donnée la tradition douze fois séculaire qui reportait la fondation du bourg et de l'abbaye aux ermites de saint Berthauld. Ce genre de vie y fut toujours en honneur: « Factus est Mons Calvus eremitarum domicilium. » *Gallia christiana*, t. IX, col. 326.

3. XXXVIII. « Ludovicus Chaumel, antea episcopus Arausicanus, abbatiam adeptus est literis regiis V non. Maii anno 1732. » *Gallia christiana*, t. IX, col. 329.

4. — *Histoire de la ville, cité et Université de Reims*, par le même, édition de l'Académie de Reims, 1843-46, 4 vol. in-4°. — Voir au t. II, p. 114-15, et au t. III, p. 307-309.

5. — *Factum* pour les chanoines de la Sainte-Chapelle de Paris, abbés de S.-Nicaise de Reims, contre Messire Gilles Dez, abbé de S.-Bertault de Chaumont, et les religieux... (redevance de froment, vers 1667). — *Factum* pour les mêmes, contre lesd. abbé et religieux de S.-Bertault, et encore Mre Pierre Blondela, cy-dev. receveur de lad. abbaye (vers 1667). Cfr. *Catalogue du Cabinet de Reims, à la Bibliothèque de Reims*, t. I, p. 450.

6. — *Gallia christiana, in provincias distributa... opera et studio monachorum Congreg. S. Mauri*, 1715-1785, in-f°. Voir au t. IX, col. 326 à 329. — Cfr. *La France pontificale*, par Fisquet. Diocèse de Reims, 2e édit., *s. d.* (1870), in-8°, p. 389-93.

7. — *Annales sacri et canonici ordinis Præmonstratensis*, par Hugo, abbé d'Etival. *Nancy*, 1734, 2 vol. in-f°. Voir au t. I, p. 437.

8. — *Précis* pour Me Alexandre, notaire royal à Asfeld et officier de l'Université de Paris, appelant de sentences par défaut du bailliage de Reims; Contre les Religieux de Saint-Berthault de Chaumont, dite la Piscine, intimés ; Et le nommé Hubert Etienne, leur fermier à Vauboison, aussi intimé. — *De l'imprimerie de D'Houry, Paris*, 1779. Mémoire in-4° de 16 p. — Pièce d'un procès relatif au droit de vaine pâture sur le terroir de Vauboison, près d'Asfeld.

9. — *Histoire ecclésiastique et civile du diocèse de Laon*, par D. Nicolas Le Long. — *Châlons*, 1783. Voir aux pp. 46, 262-63.

10. — *Arc de triomphe* érigé à l'entrée de Chaumont-Porcien pour la réception de S. Em. le cardinal Gousset, archevêque de Reims, le 13 juin 1853. — Grand in-f°. Planche. *Lithographie Servais, Rethel*, 1853.

Dressé sur les plans de M. Isidore Fressencourt, cette porte offrait au sommet les insignes du prélat mêlés aux instruments agricoles. Sur les côtés, les dates de sa vie et les titres de ses ouvrages, et au milieu la dédicace . *Au zèle du Pasteur, à la bonté du Père, à la science du Docteur.*

11. — *Essai historique sur Rozoy-sur-Serre et les environs, comprenant une grande partie de la Thiérache et du Porcien*, par G.-A. Martin. *Laon, Ed. Fleury*, 1863-64-67, 3 vol. gr. in-8, avec planches.

Ouvrage devenu très rare à l'état complet et offrant sur Chaumont-Porcien de très abondants et multiples renseignements, résumés à la table alphabétique des matières, t. III, p. 120-21. C'est à tort que l'auteur a donné au t. I, p. 452, une vue, *Le*

Chasteau de Chaumont, par C. Chastillon (n° 61), comme relative à Chaumont-Porcien. C'est une vue de Chaumont-en-Bassigny.

12. — *Les Ardennes illustrées*, par Elizé de Montagnac. *Paris, Hachette*, 1868-74, 4 vol. in-f°.

Voir au t. I, *Les Saints en Ardenne*, par l'abbé V. Tourneur, p. 54-55, et au t. IV, *Les Abbayes en Ardenne*, par E. de Montagnac, p. 81-84.

13. — *Abbaye de Saint-Berthauld de Chaumont-la-Piscine* (ordre de Prémontré). Fonds des Archives départementales des Ardennes, série H, ordres religieux d'hommes, nos 73 à 90, et n° 490, pp. 27 à 39, et 175, de l'*Inventaire Sommaire* des dites archives, t. IV, publié par Ed. Sénemaud et P. Laurent, gr. in-4°, 1888.

14. — *Pèlerinage de saint Berthauld à Chaumont-Porcien* (par le R. P. Fressencourt). Litanies, prière, cantique. *Reims, imprimerie coopérative* (1877), in-4° de 14 p.

15. — *Le sarcophage de sainte Libérette à Remaucourt (Ardennes)*, dans l'*Almanach historique du diocèse de Reims pour l'année 1881*, par le bibliophile Remigius (l'abbé Aubert). *Reims*, 1880, in-12, p. 270.

16. — *Notice historique sur les pèlerinages de Ste-Olive et de Ste-Libérette à Chaumont-Porcien* (par le P. Fressencourt). *Paris, Goupy*, 1881, in-18 de 15 p.

17. — *Notice sur l'abbaye de Chaumont-Portien*, par A. Lannois, curé de Thugny. — *Rethel, impr. de G. Beauvarlet*, 1881, gr. in-8° de 56 p.

Série de quatorze articles publiés dans le *Moniteur ardennais* (mars et avril 1880), recueillis en brochure par l'imprimeur.

18. — *Notice historique sur le prieuré de Gérigny, de l'ordre de Prémontré, au diocèse de Reims* (dépendance de l'abbaye de Chaumont, sur le terroir de Rocquigny), 1180-1789, avec plan et pièces justificatives inédites, par l'abbé J.-B.-E. Carré. *Reims*, 1885, in-8°.

19. — L'Etui de nacre. *La légende des saintes Oliverie et Liberette*, par Anatole France, membre de l'Académie française. Article publié dans *Les Annales* et reproduit dans le *Guide Rethélois*, 10e année, 1893, publié à Rethel par G. Beauvarlet, in-8°, p. 88 à 94.

20. — *Vie de saint Berthauld, ermite, apôtre de Chaumont-Porcien*, par le P. Henri Dussart, de la Compagnie de Jésus. *Hirson, impr. Bonna-Basuyaux*, 1894, br. in-8° de 24 p.

Bibliographie des ouvrages consultés en tête, et à la fin dé-

tails sur le culte de saint Berthauld à Hary, près de Vervins (Aisne).

21. — *Notice sur saint Berthauld, apôtre et patron de Chaumont-Porcien*, par le P. Ch. Clair, S. J. — *Paris, Savaète*, 1895, in-18 de 96 p.

En tête, lettre du R. P. Fressencourt, originaire de Chaumont, aux habitants du lieu. Vue de Chaumont en frontispice (d'après un dessin de Cl. Chastillon représentant Chaumont-en-Bassigny) ; autres vues de la chapelle de saint Berthauld et de la nouvelle châsse de ce saint. Sur le titre fac-simile du sceau gothique de l'abbaye, trouvé en 1874 à Chaumont-Porcien.

22. — *Inventaire sommaire des Archives départementales antérieures à 1790. Dép*t *des Ardennes.* — T. I, IV, VI, vol. in-4°, 1863-1902.

Sur la communauté des habitants de Chaumont-Porcien, voir série G, t. I, p. 64 ; — sur l'église paroissiale, série G, t. IV, p. 48 ; — et sur les anciens registres paroissiaux, série E, supplément, t. V, p. 4 à 7.

TABLE

APPENDICE

Dole-du-Jura. — Imprimerie Girardi et Audebert.

www.ingramcontent.com/pod-product-compliance
Ingram Content Group UK Ltd.
Pitfield, Milton Keynes, MK11 3LW, UK
UKHW021004220726
13924UKWH00002B/898

9 782019 922559